ワンセクションから多重構成まで身につく

顧客カテゴリ別　セクションカット

井上和英　Fiber Zoom

→→→ はじめに

Section Cut Training according to Customer Category

今の時代に合ったカットカリキュラムとは

いつかはどんなスタイルでも自由自在に切れるようになりたい——美容師ならみんな、それを目指してカットの練習をしていることと思います。しかし高いクオリティのカットに到達するには長い時間がかかります。理想を言えばどんなスタイルでもこなせるようになってからデビューするべきですが、実際問題としてそれを目指したら、技術者になるのはかなり遅くなってしまいますし、途中で挫折してしまう人も出てきてしまいます。ましてや、今の若い世代の美容師は、カット以外に身につけなければならない技術や知識が増えているのですから。

30才までにカットを完成させよう

セクションカットは決して複雑なものではなく、むしろヘアスタイルのフォルムを作り分けるのを容易にする技法なのですが、それでも数年かけて学ぶ必要があります。今のサロン事情に合ったトレーニングをするには、技術者としてデビュー後も勉強を続けていき、30才前後でカットが完成している、というのが現実的だと考えます。

この本は、顧客層とカット技術を4つのカテゴリに分類しています。若い技術者が顧客にしやすい同世代を集中的に集客しつつ、技術者も顧客のメイン層も30代になる頃にはどんなスタイルでもカットできることを目指したカリキュラムになっています。これまで「ZONE&SECTION」「ZONE&SECTION for WAVE」「デザインサークルとカットの原理」と3冊の本を作ってきましたが、そこで扱った技術を、より現場のサロンの集客に活用しやすいように組み立てなおした本とも言えます。

技術の質の高さ＋顧客の欲しがるテイスト＝ベストスタイル

お客様の望むテイストを読み取り、それを反映したヘアスタイルを作れる美容師が評価される。ここ数年特に強まっているこの傾向が、4つのカテゴリ分けの背景にはあります。技術の質を上げることは大切なことですが、お客様が求めているのは単に上手いカットではなく、自分が欲しいテイストを作ってくれる上手いカットです。

複雑な構成のカットは必要ならば使うべきですが、シンプルでわかりやすい形を好む若い顧客層に使ってもあまり意味がありません。逆に個人性やこだわりが反映される大人向けのヘアスタイルには、セクションによる切り分けが必須になります。本書の4つのカテゴリ分類がすべてのお客さまにあてはまるわけではありませんが、ニーズに合わせて適切な技術をセレクトする判断には役立つことと思います。

もしこれからカットの勉強を始めるという人ならば、どうぞ、カテゴリ1から切ってみてください。既にある程度進んでいる人ならば、ご自分の顧客に多いカテゴリから練習してみましょう。複雑な構成のスタイルを切ってから、単一構造のカットに戻ると、逆にシンプルな構成のデザインの魅力も認識できると思います。

カットの技術を高めていくことを上へ伸びる縦軸とすると、顧客の望むテイストは横軸です。ふたつの軸が高い位置で結ばれたサロンワークを目指して、この本を活用してくれれば嬉しく思います。

ワンセクションから多重構成まで身につく

顧客カテゴリ別　セクションカット

→→→ CONTENTS

Section Cut Training according to Customer Category

カットの前に知っておきたいこと

→→→ 具体的なスタイルの解説に入る前に、カットの基礎知識とこの本で使用する表記について説明する。

○ 頭の部位と骨格上のポイント

➡ 頭の各部の名称と、骨格上の代表的なポイントとなる点を図に示した。カットの際に骨格上の点を目安にすると、正確に切り進める手助けとなってくれる。頭のポイントだけでなく、鼻先、口角、あご先といった顔のポイントも利用しよう。

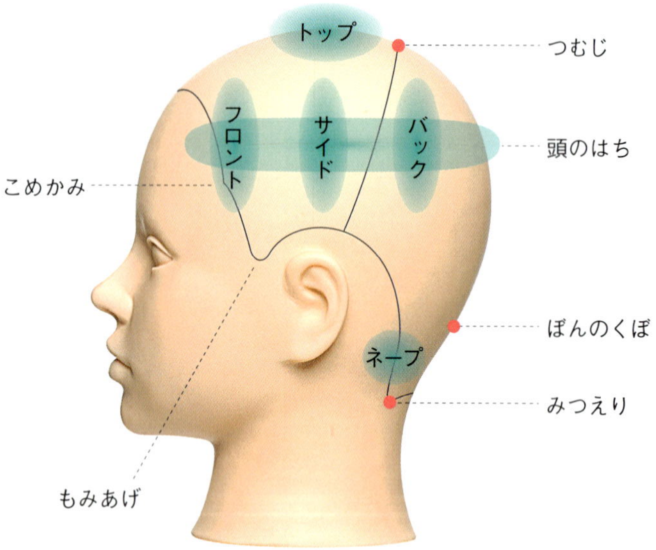

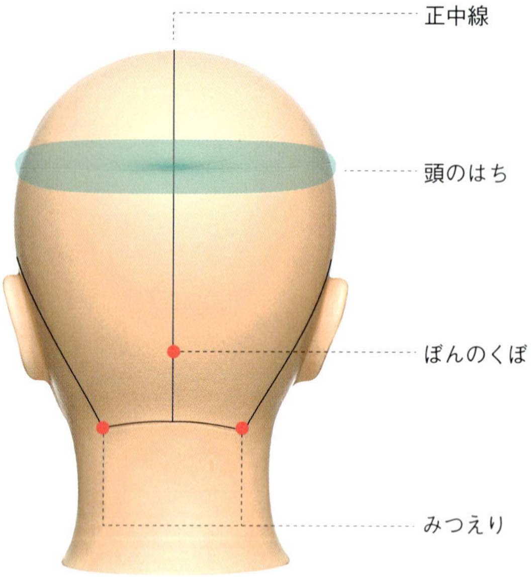

○ イア・トゥ・イアの設定

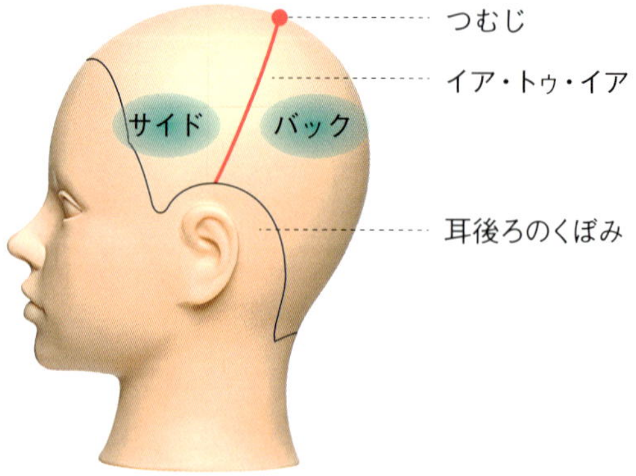

➡ サイドとバックを分ける、頭の上を通って両耳をつなぐ線をイア・トゥ・イアという。ケースによって前後にずれることもあるが、この本では、つむじと耳後ろをつなぐ線と設定している。

○ 基本的なセクションの分け方

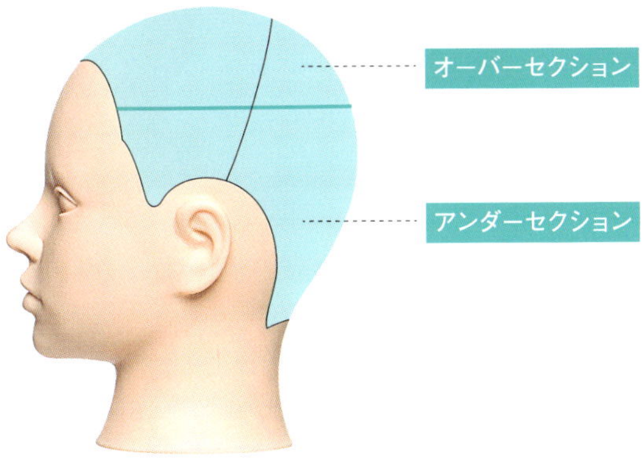

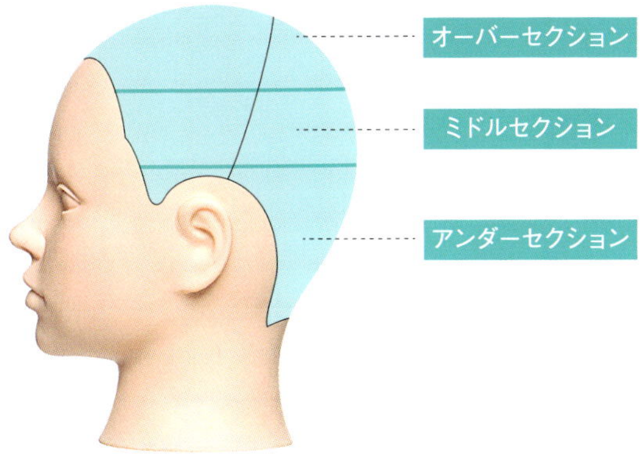

A 上下２セクションに分ける

主に頭の斜面が上を向いているエリアと下を向いているエリアに分ける。上をオーバーセクション、下をアンダーセクションという。

B 上中下３セクションに分ける

頭の斜面が上を向いているエリア・横を向いているエリア・下を向いているエリアで分ける。上からオーバーセクション、ミドルセクション、アンダ—セクションという。

○ セクションの分け方と名称

- いろいろなセクションのとり方例と名称を示した。
- バング、ネープ、トップなどの小さなセクションは、フォルムの変化に大きく影響しない限り、この本ではセクション数の中にカウントしていない。

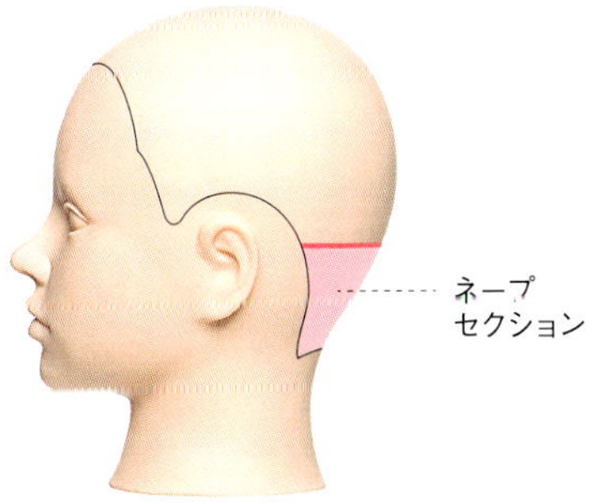

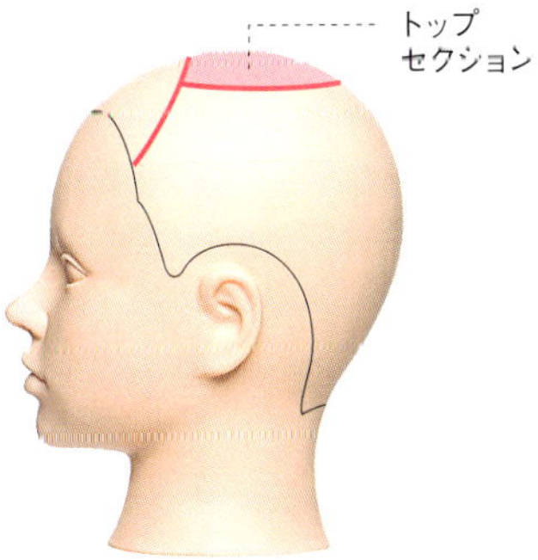

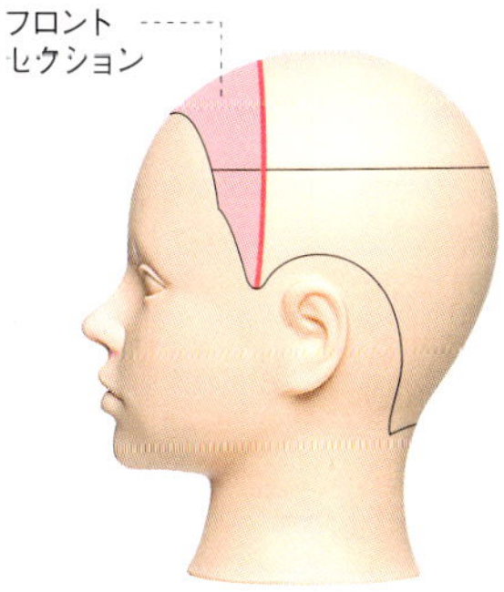

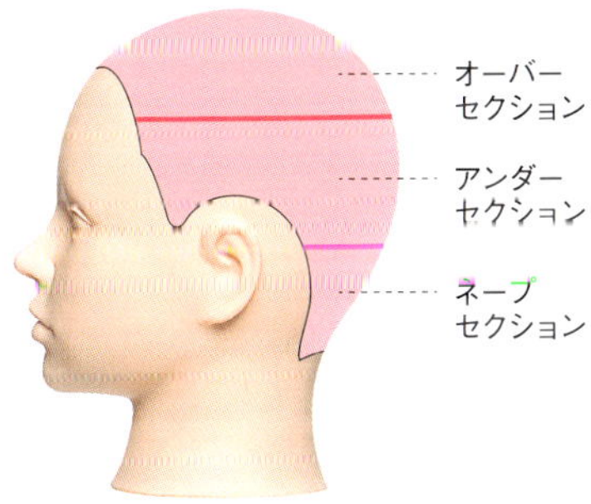

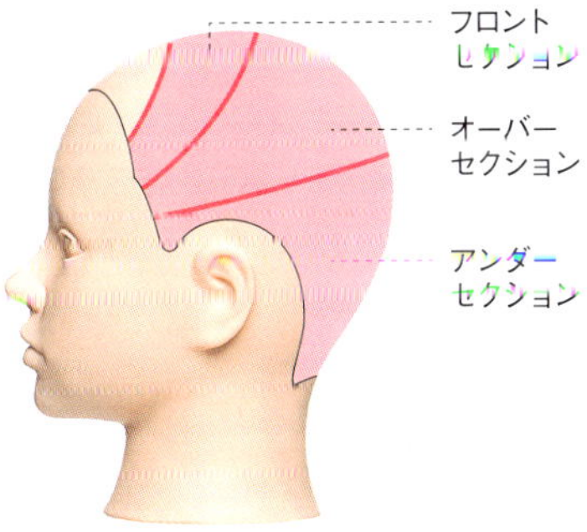

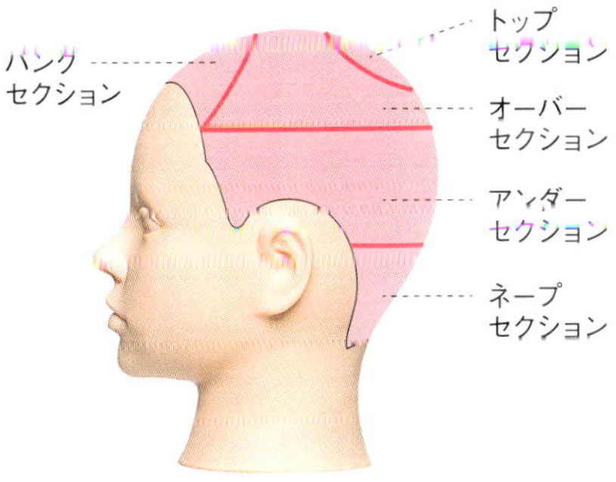

Category 2

上下で切り分けフォルムの調整を図る

ガーリーエレガント1　ガーリーエレガント2　ガーリーエレガント3　ビターエレガント1　ビターエレガント2

Category 1 ワンセクションで重さを生かした形をつくる

カットの基本構造

どんなデザインでもカットスタイルは髪が積み重なってできている。
下が短く上が長い髪が重なっている段差をグラデーションと呼び、上が短く下が長い髪が重なっている段差をレイヤーという。

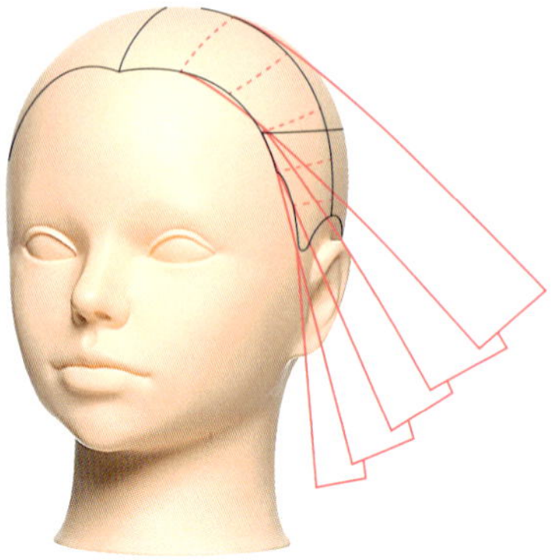

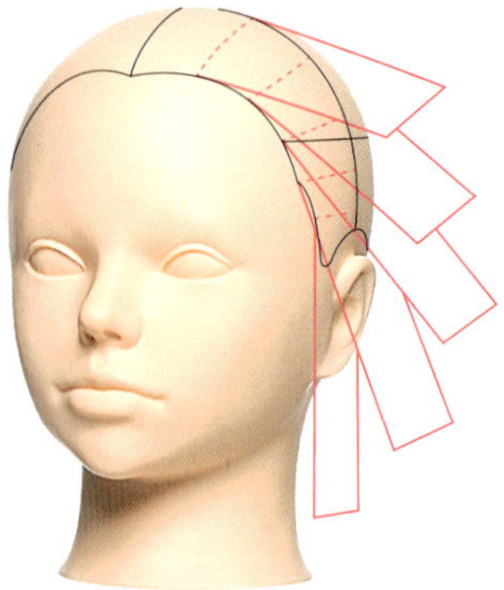

LINE

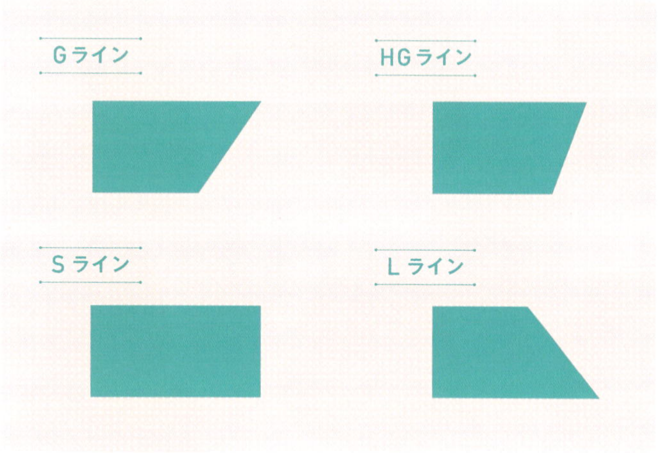

この本では、より細かいコントロールをしやすくするために、グラとレイヤーを上下差によって4つに分類をしている。上が長く上下の長さの差が大きいグラデーションを「Gライン」、上が短めで上下の差が小さいグラデーションを「HGライン」、上下が同じ長さのセイムレイヤーを「Sライン」、上が短く下が長いレイヤーを「Lライン」とする。
この4つの構造を活用して、色々なフォルムを作り分けていく。セクションごとに異なる構造を組み合わせていくために、単独の造形的性質をよく覚えておこう。

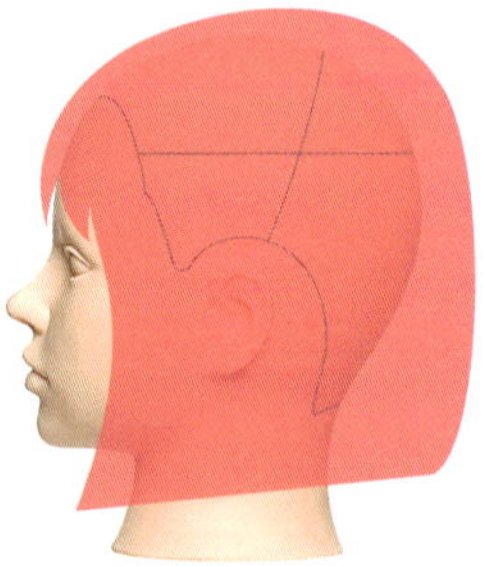

Gのフォルム

ワンレングスもしくはそれに近い重めのグラデーション。フォルム全体に横幅があり、低い位置に重心ができる。

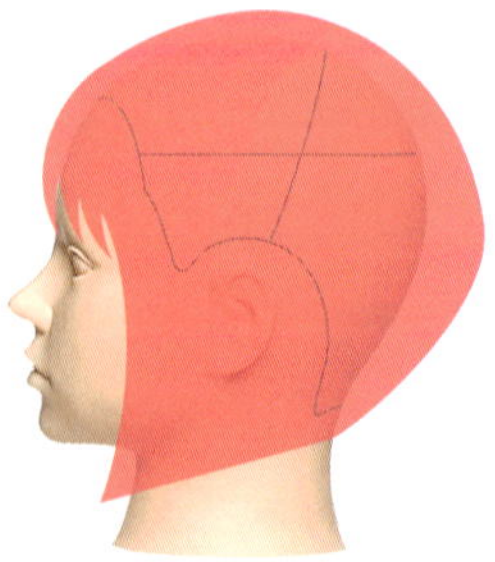

HGのフォルム

軽めのグラデーションで、重心が上方に移動し、フォルム全体に丸みが生まれる。

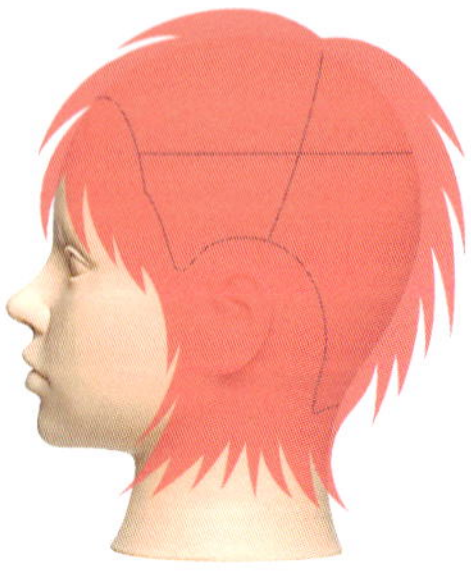

Sのフォルム

頭の形を反映した、縦に長い、やや丸みのあるフォルムになる。全体に動きが生まれる。

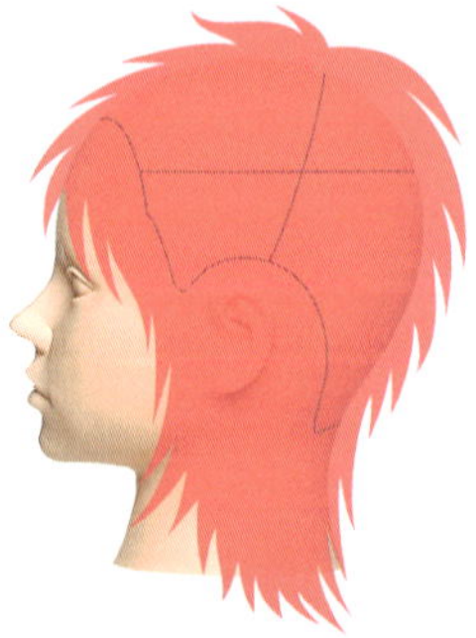

Lのフォルム

フォルム全体に強い縦長感が生まれ、毛先が薄くなってルーズになる。全体に大きな動きがつく。

パネルコントロール

6ページでは段差によってヘアスタイルの形を分類したが、段差はカットの際にパネルの引き出し方を変える＝パネルコントロールによって作られる。代表的な技法として、縦のつながりを作る「リフティング」と、横のつながりで段差を作る「オーバーダイレクト」がある。

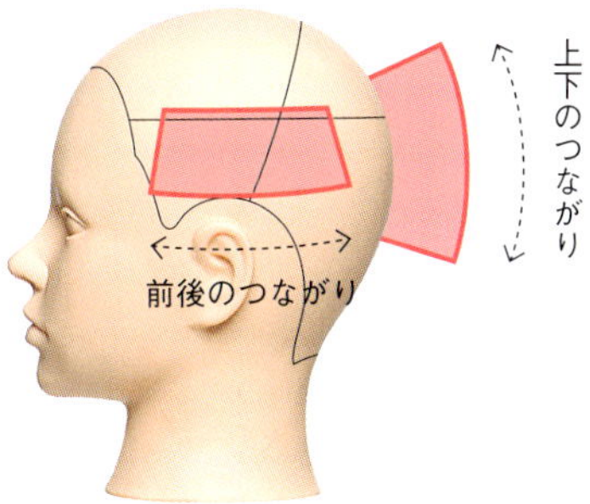

リフティング

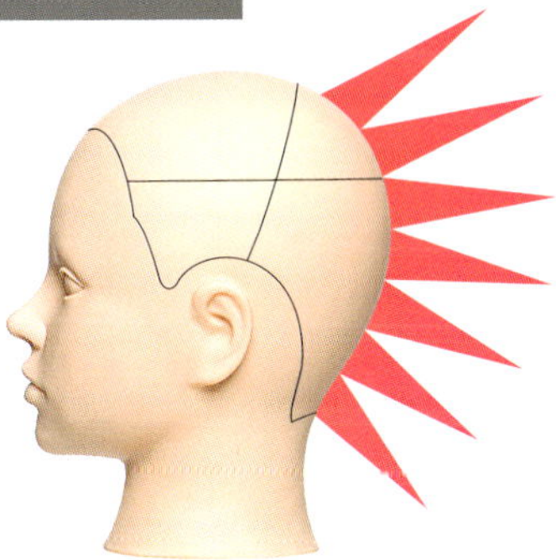

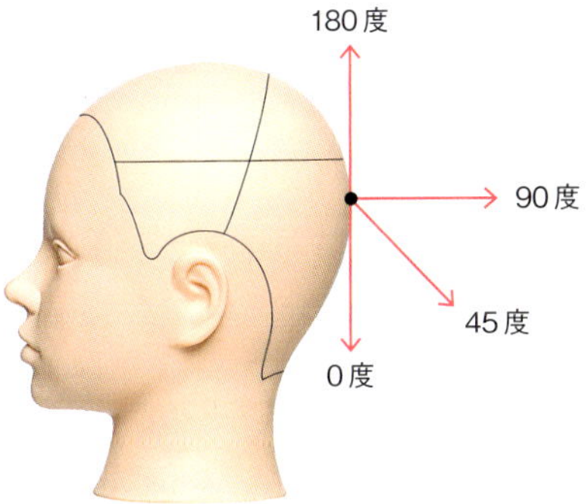

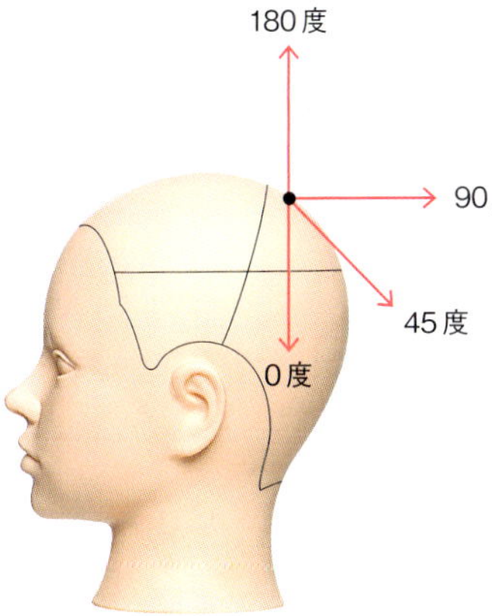

パネルを持ち上げてカットするテクニックをリフティングといい、髪の上下のつながりをコントロールするのに使う。下のパネルよりも高めにパネルを持ち上げて切るのを「リフトアップ」してカットするといい、ひとつ下のパネルと同じ高さ、もしくはより低い高さにパネルを引いて切ることを「リフトダウン」してカットするという。

基本的にはリフトアップして切るほど上の長さが短くなって上下の長短がつき、幅の広い段差がつく。

本書に出てくる「45度にリフトする」といった表現は、真下を0度、真上を180度、真横を90度とした時の角度を示す。頭皮とパネルの間の角度ではないので注意してほしい。

リフティングとななめのカットライン

A

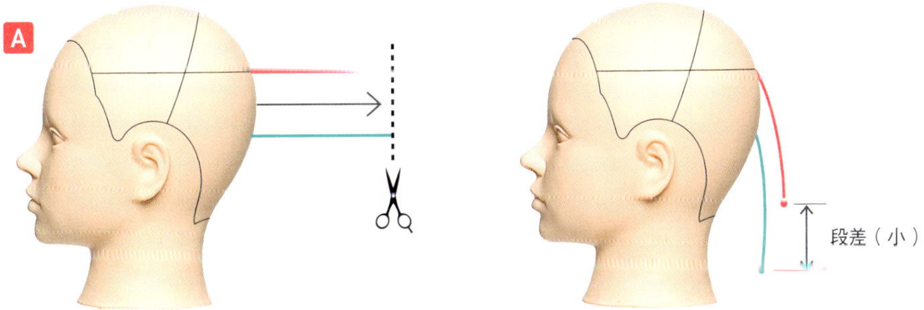

B

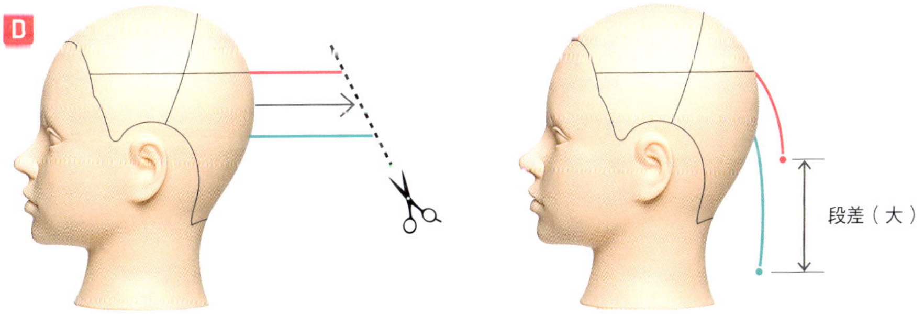

図Aのように一定角度でパネルをリフトして、シェープに対して垂直なラインでカットすると、上下の長短が生まれて一定の段差ができる。

一方、図Bのように上が短いななめのラインでカットすると、上下の長短差が大きくなり、段差の幅が大きくなる。つまり、リフティングとななめのカットラインを組み合わせる場合、ラインの切り口の角度が急になるほど、上下の長短差は大きくなる。

多様なフォルムを重層構造でつくる

カスタマイズ1

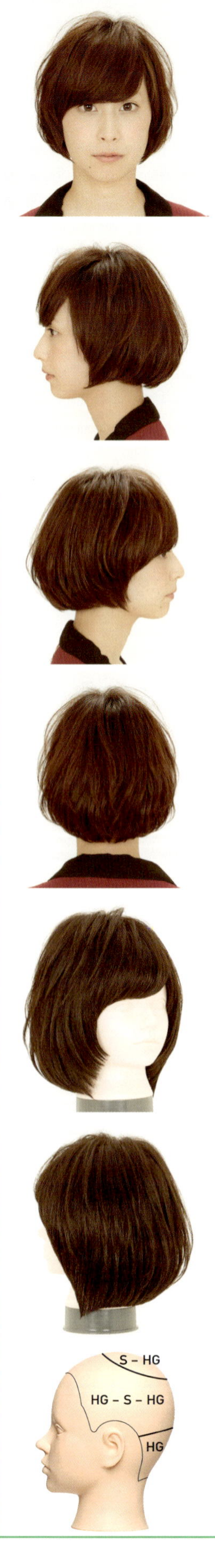

カスタマイズ2

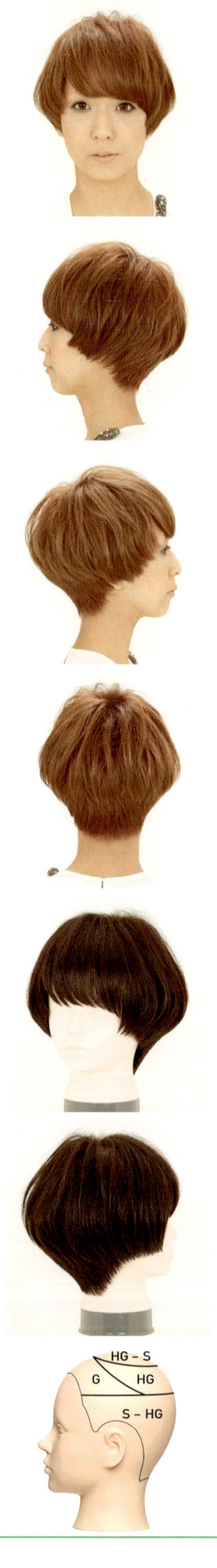

カスタマイズ3

カスタマイズ4

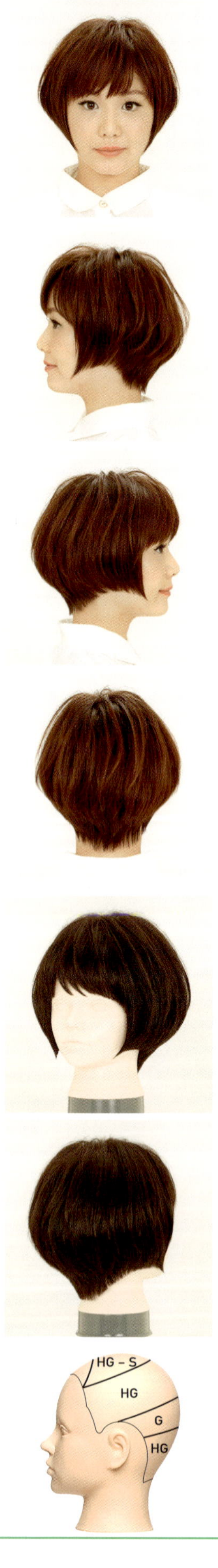

カスタマイズ5

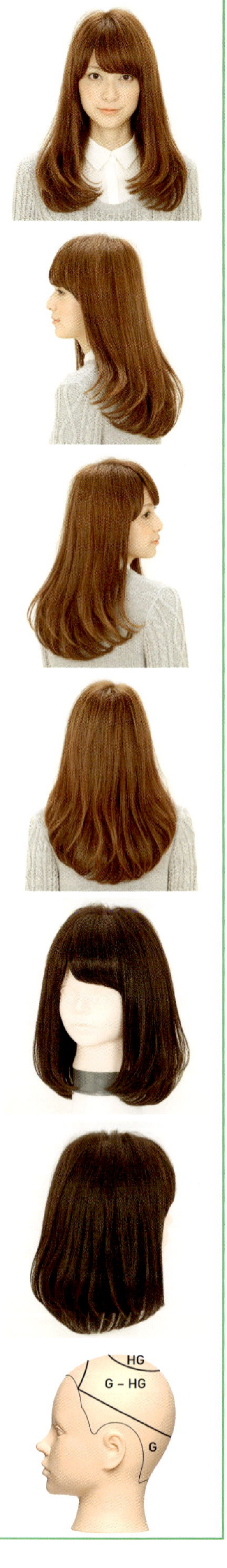

3セクションで重さと軽さを組み合わせる

ナチュラルフェミニン1

ナチュラルフェミニン2

ナチュラルフェミニン3

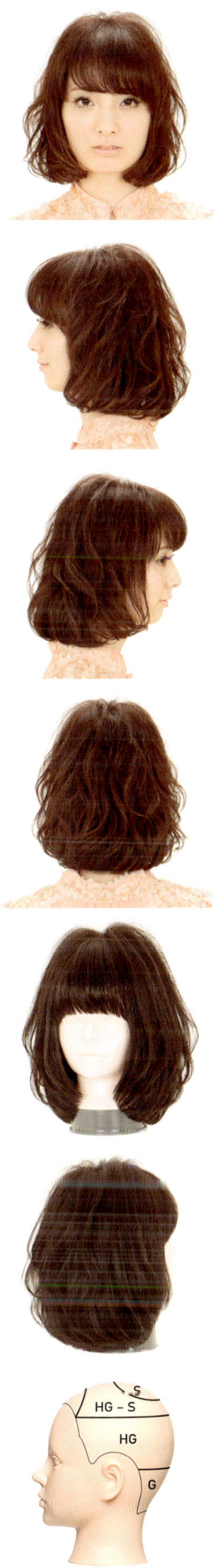

アーバンエレガント1

アーバンエレガント2

オーバーダイレクト

A

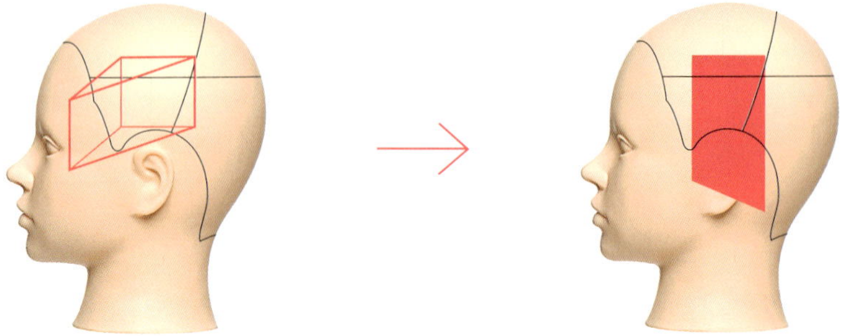

B

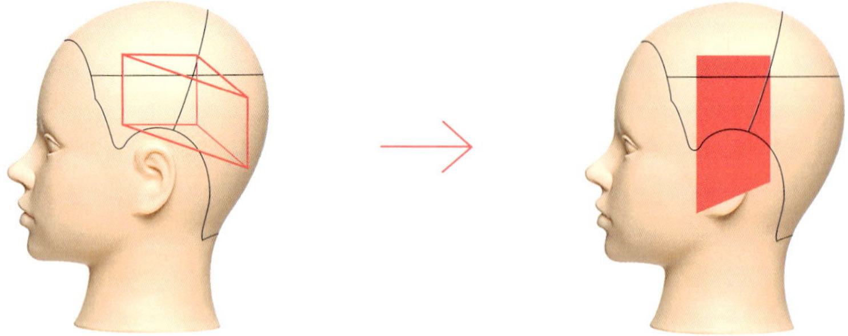

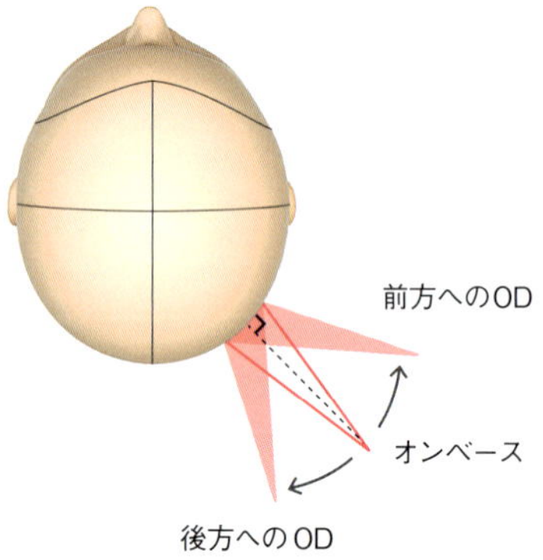

➡ 縦スライスをオンベースでカットすればパネルの両側は同じ長さになる。前方にODして切ればパネルの前方が短くなり、後ろ側が長くなる。後方にODすると前方が長くなり後方が短くなる。

➡ パネルを前後に引いてカットすることで、髪の前後のつながりをコントロールするテクニックを「オーバーダイレクト（OVER DIRECT）」と呼び、ODと略して表記している。
➡ 前方にODして切ると後ろ下がりの前後のつながりが生まれ、後ろにODしてカットすると前下がりのつながりが生まれる。

ODとパネルを引き出す方向の影響

➡ パネルを引き出す方向によって段差は変わる。真下に引いてシェープに対して垂直にカットすると全く段差は生まれない。
➡ 図Aのように前方にODして、シェープに対して垂直にカットすると、図8のように後ろ下がりのラインができ、上下に毛先のずれができて段差が生まれる。
➡ 図Bのようにさらに大きく前方にODしてカットすると、さらに角度の強い後ろ下がりのラインが生まれ、段差の幅が大きくなる。

A

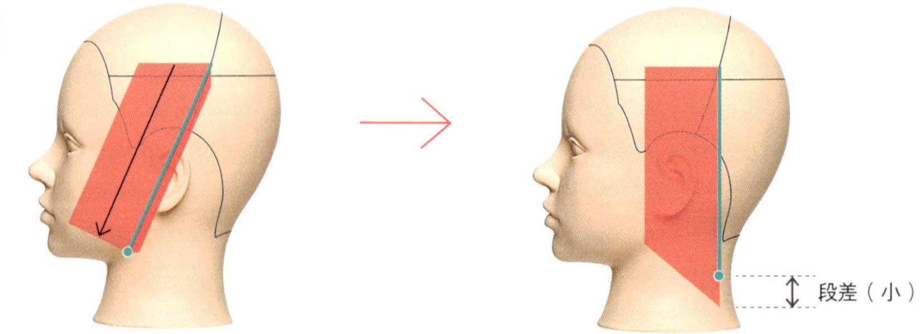

B

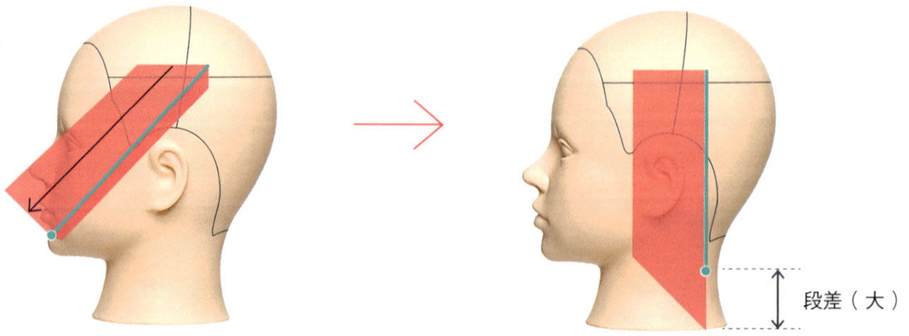

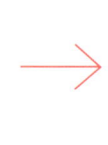

ODとカットラインの角度の影響

➡ 前項では前方にODして、シェープに対して垂直なラインで切ったが、これをシェープに対してななめのラインでカットすると、図Aのように、ラインの角度がより後ろ下がりになり、段差の幅も大きくなる。

➡ シェープに対してカットラインをななめにするほど、横のつながりの傾斜角度と段差の幅は大きくなる。

A

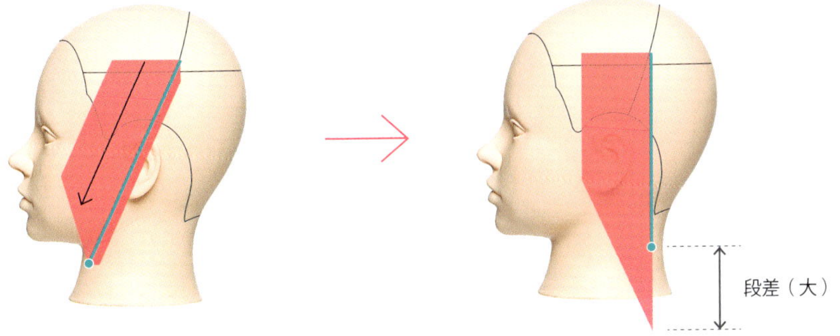

B

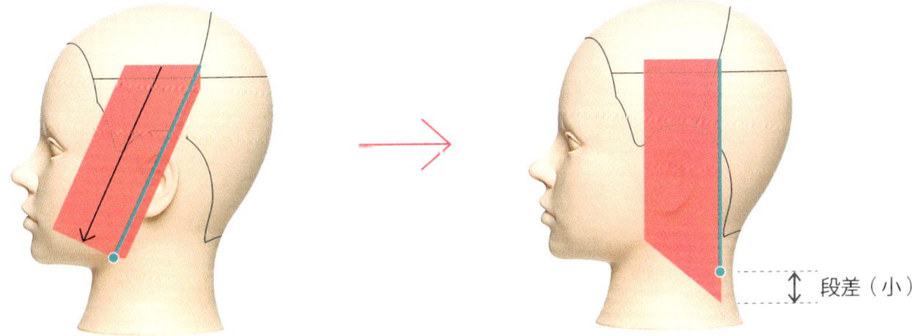

顔まわりのODと段差の関係

➡ 図Aのようにフロントから耳上までのパネルをすべてフェイスラインまでODしてカットすると、耳上のパネルの上端は下方に向かって大きく引かれるため、長さが残り、ハイグラの状態ができる。

➡ 一方、図Bのように少しずつODを小さくしてカットすると、Aが引かれる距離が縮まるので長さが短くなり、上下はレイヤーの状態になる。

A

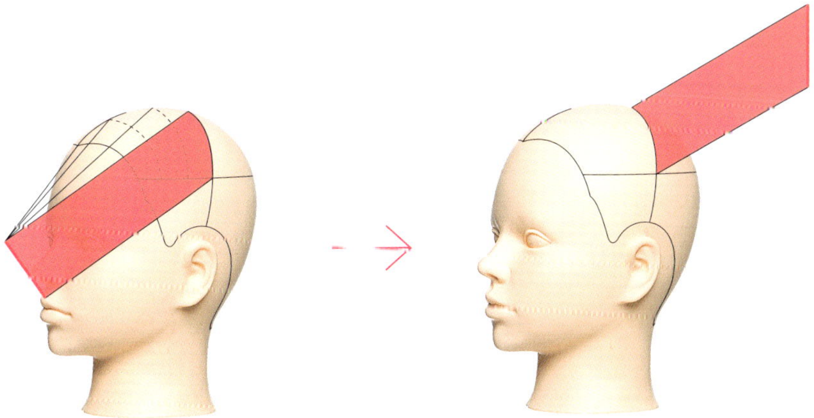

B

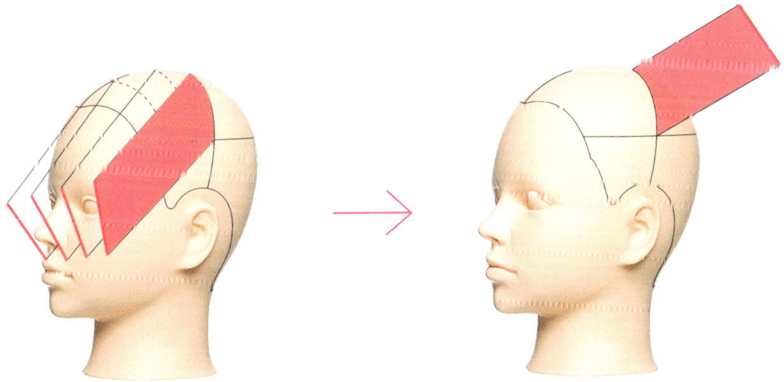

Category 1

Section Cut Training according to Customer Category

CATEGORY 1 の顧客像

中心となる年齢層は 10 代後半から 20 代前半。
代表的なテイストとしてストリート系の
「キュートカジュアル」と
少女っぽい「キュートフェミニン」を設定した。
マンガやアニメを思わせる
デザインが可能なのも若い世代ならでは。
洗練されていないラフさが
むしろ持ち味になるので、
あまり細かく作り過ぎない方がハマる。

CUTE FEMININE

キュートフェミニン

ふんわりした長めのワンピース、昔の人形のようなクラシックなブラウスなど、ノスタルジック・フォークロア・レトロ感のあるファッションテイスト。雑誌でいうと SEDA、Soup などの購読層。ヘアも重さや丸みを活かし、懐かしさやほっこりする安堵感が求められる。

CUTE CASUAL

キュートカジュアル

Zipper や mini などの雑誌に象徴される、トレンドスタイルの中でもポップ・カジュアル・パンクといった風味のあるテイスト。ヘアは重ため A ラインやぱっつん前髪など、見た目にわかりやすい形が好まれる。繊細な作りよりイレギュラー感を出した大雑把な仕上げ方が似合う。

ベースは均一な切り方でOK

カテゴリ1のスタイルは、全体が同じ切り方でできている。切り分けるとしても、少しだけ、味つけ程度。
凝ったカットをしないので、できる形は単純でちょっとマンガっぽいが、むしろそれがインパクトや少女らしさにつながり、若い世代に受ける要素になっている。

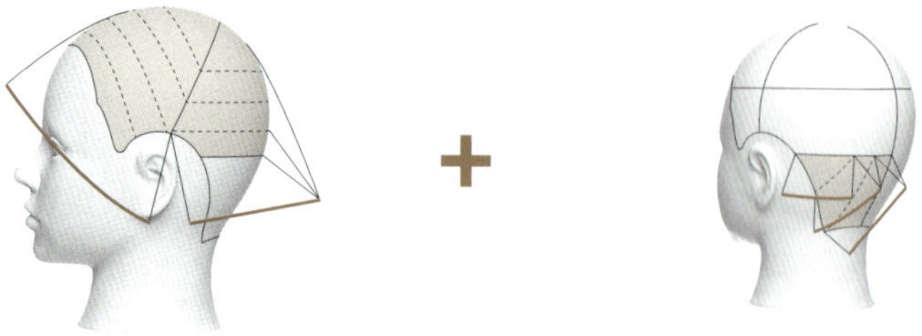

キュートカジュアル1

バックは水平、サイドは前上がりに切ったワンレングス。

キュートカジュアル2

ダウンシェープして耳たぶの長さでカットした短めワンレングス。

キュートカジュアル3

肩上のワンレングスに、表面だけレイヤーを入れてある。

キュートフェミニン1

ワンレングスを切った後、フロントのアウトラインだけ前上がりに切り直す。

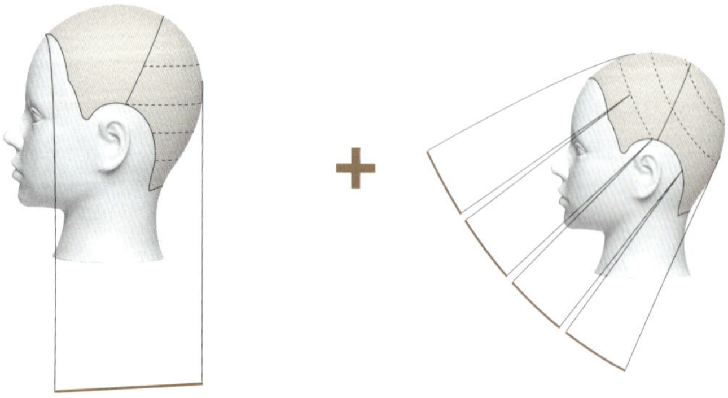

キュートフェミニン2

ワンレンを切った後、顔まわりにグラをつけて軽くしただけ。

どのスタイルも重心（ウエイト）は低め

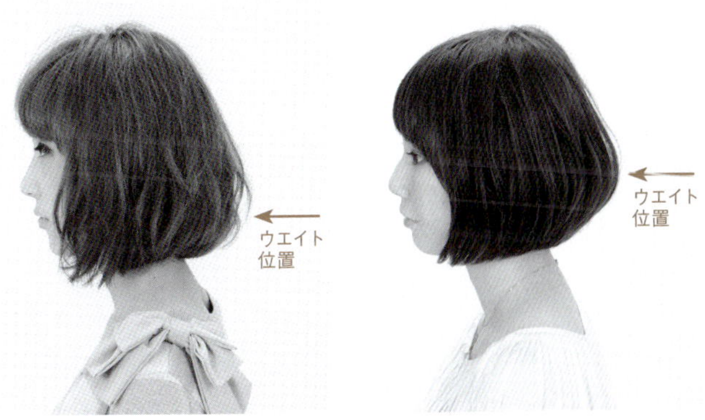

カテゴリ1では段差を広くつけるカット技術を使わないので、必然的にウエイトは低くなる。段差を広くつけるカット＝リフティングを使った右のスタイルと比べると、同じ前下がりボブでもその違いは歴然。

このロングスタイルも手を加えていない「伸ばしっぱなし」という印象。しかし、この余分な重さが少女性のアピールにつながっていて、軽さを出した右のスタイルよりカテゴリ1のお客様ニーズを満たしてくれる。

あえて粗い切り方でラフな印象を出していく

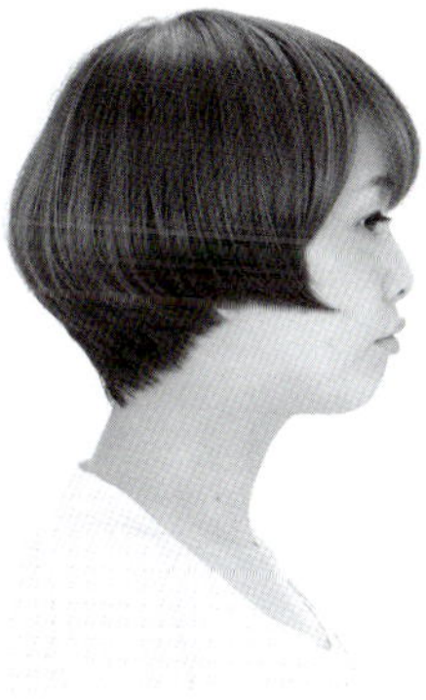

キュートカジュアル2には、バックにディスコネが取り入れられている。短く切られたネープに上から髪がばさっと乗っているので、つながりはなめらかとは言えない。でもこの粗い感じ、ベレー帽のような感じが若々しい持ち味になっている。

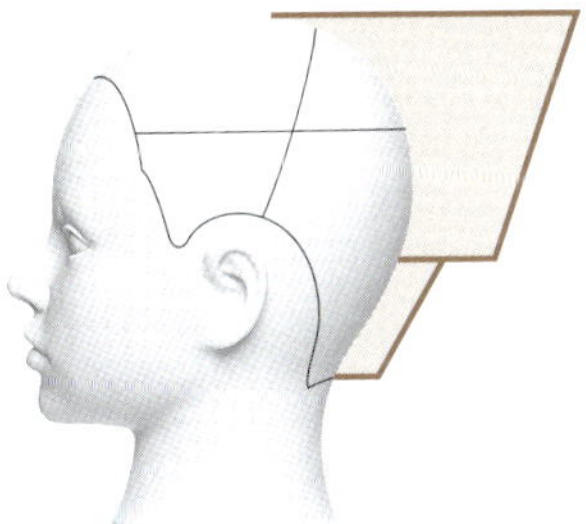

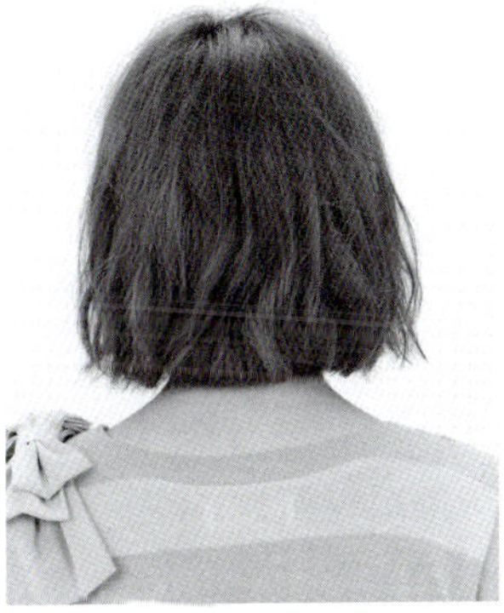

キュートカジュアル3では、Gのベースに軽さを出すために、表面だけレイヤーを入れている。カテゴリ3なら間にHGを挟んでなめらかにつなげるところだが、ここではきれいにおさまるよりバサバサッとした感じが欲しいので、この強引なつなぎの方が正解。

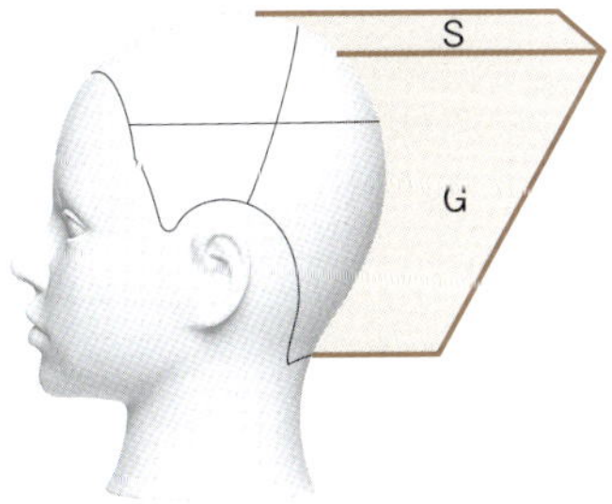

削ぎは質感より ボリュームダウン重視で

若くて毛量が多い世代なので、削ぎはボリュームを減らすのが主な目的になる。ベースカット同様、削ぎのカットもあまり複雑なことはしない。セニングシザーを使って毛束の2/3あたりから削いでいく。

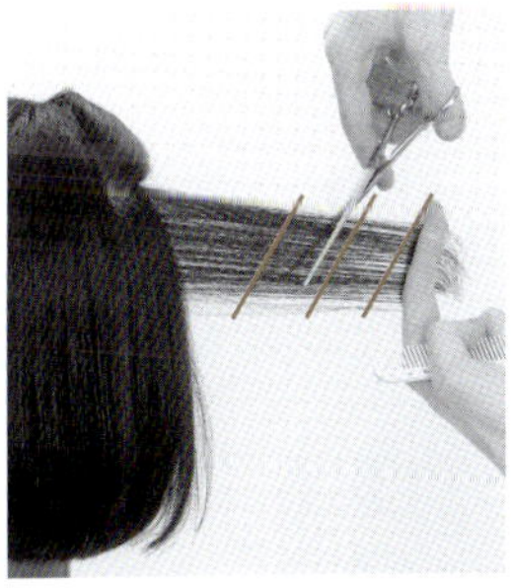

重さをそのまま活かした前上がりボブ

ベースはワンレングス。ネープは短く切られ、サイドを前上がりにしている。
シンプルな形なので前ページのモデルのようにアクセントとしてフリンジをプラスしてもいい。

ネープセクション

1

イア・トゥ・イアで分け、耳から下をネープセクションとして分け取る。センターから縦スライスをとり、45度にシェーブする。縦にハサミを入れてグラデーションのラインを切る。

2

みつえり上のスライスは少しだけ後ろに引いて切る。

3

耳後ろは長さが短くなりやすいので、パネルをセンターに寄せてカットする。

バックセクション

1

ネープ上のセクションは横スライスで45度のリフトでシェーブし、ネープの長さをガイドに、平行なラインで切る。

2

耳後ろは長さが短くなりやすいので、スライスラインに垂直方向ではなく、少しセンターよりにシェーブして切って長さを残す。

サイドセクション

1

セクション全体を真下にシェーブして、バックの長さとつなげて切る。

2

サイドの長さを決め、前上がりのグラデーションをつけていく。ななめにスライスをとり、フロント際から、パネルを前方45度にシェーブしてカットする。

3

パネルを引き出す角度を下げながら切り進む。最後は15度くらい前に引いて切る。

4

2と3を切った位置まで上の髪をシェーブし、同じ位置で切る。

トップ

1

トップをチェックカット。横スライスをとり、やや前に引き出し、切り口のラインからはみ出している部分を落とす。フロントからイア・トゥ・イアまで行う。

2

イア・トゥ・イアより後ろは放射状にスライスをとって真上に引き上げ、はみ出している部分を落とす。チェックカットにより、アウトラインのカドがとれる。

バング

三角ベースをとり、左右ふたつに分けて切る。顔の丸みに添ってシェーブしてカットする。

毛量調整・質感調整

1

イア・トゥ・イアよりやや後ろからパネルを引き出し、セニングシザーでレイヤーのラインで削ぐ。ボリュームが気になる部分も同様に削ぐ。

2

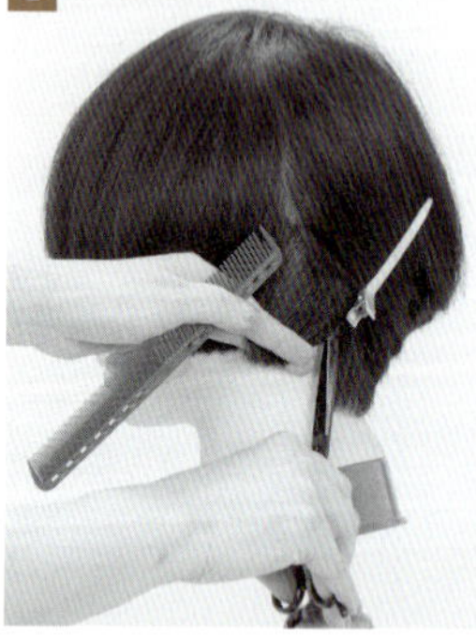

みつえりとこめかみにルーツセニングを入れる。根元からポイントで削ぐことができるので、特に毛量がたまりやすい部分に有効。

ワンレングスを切ってから サイドを前上がりに切り直す

ネープだけ放射状スライスでカット。メインはセクションは一度ワンレングスに切った後、フロントからサイドにかけて前に引き出して前上がりのラインを作っていく。

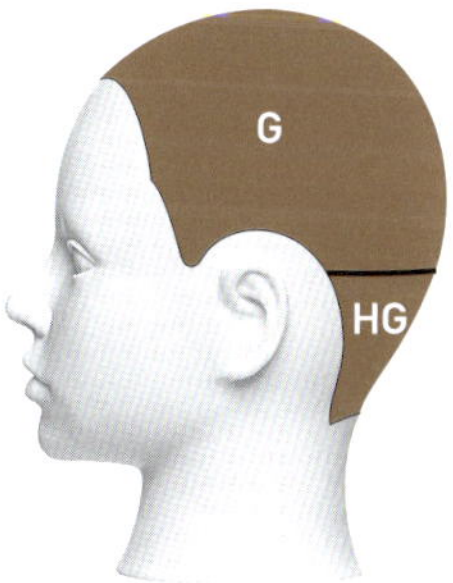

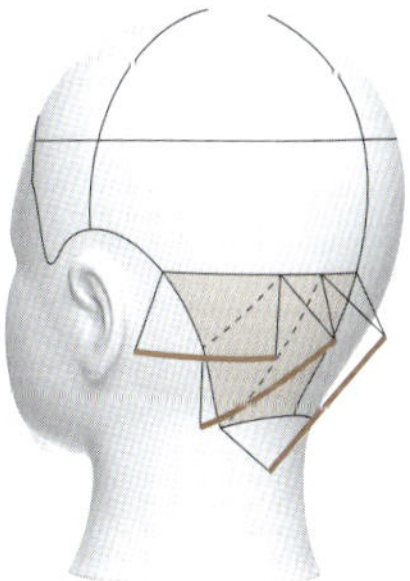

ネープセクション

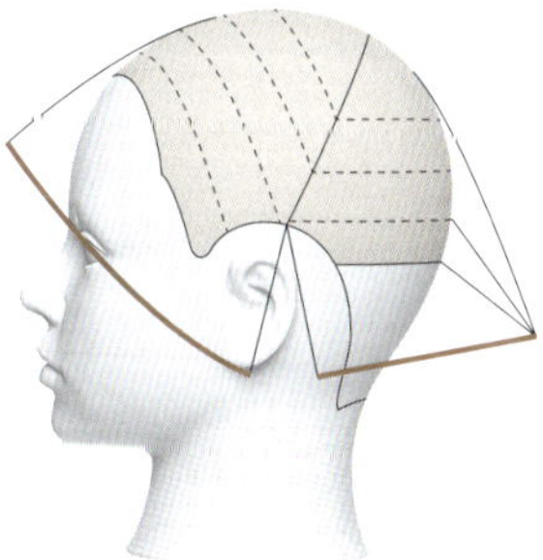

サイド&バックセクション

3

横スライスでトップまで切る。すべて1と2を切った高さまでダウンシェーブしている。

5

バックの髪を同じ位置までシェーブしてカットし、サイドの前上がりラインとつなげてなじませる。

7

ラインをぼかしたいところに、チョップカットを入れる。切りこみの深さをそろえず、多少イレギュラーに毛先を削ぐ。

ころんとした形がかわいいショートグラデーション

短めのレングスと処理していない重さが、見た目にわかりやすい形を作っている。
バックのネープ上はつなげずにカットし、帽子をかぶせたようなラフな若々しさを出す。

ネープセクション

1

やや前下がりにセクションを分け取り、2段に分けてアウトラインを切る。センター寄りはダウンシェープ、耳寄りはやや前方にシェープしてカットする。

2

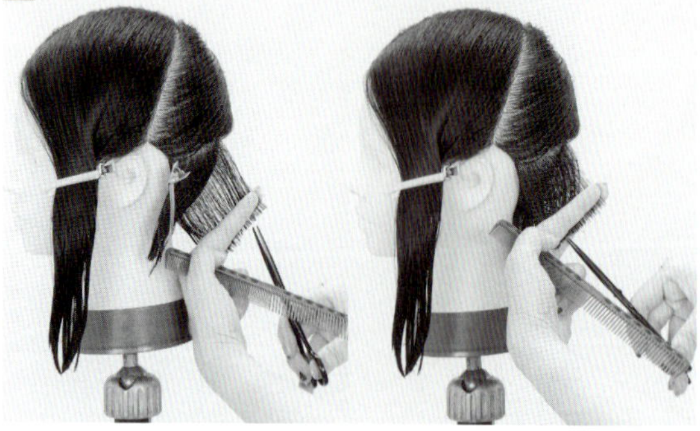

センターから縦にスライスをとって45度で引き出し、アウトラインの長さをガイドに切る。耳後ろまで同様にカット。

バックセクション

1

少し前下がりのスライスをとり、45度のリフトでカット。長さはネープとつなげずに、かぶさる長さで切る。ヘムラインのえぐれがきつい耳後ろは、少し後方にシェープして切る。

2

上下のつながりはこれくらい長さをずらしてディスコネクションにしている。

サイドセクション

1

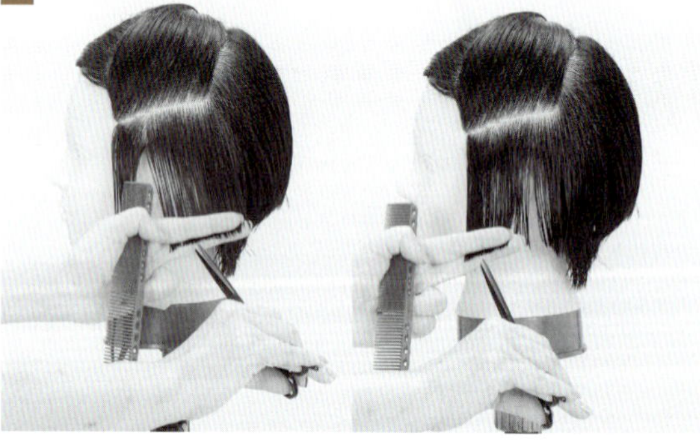

耳上に前下がりのスライスをとり、45度のリフトで、バックとつなげてサイドをカットする。耳付近は短くなりやすいので後ろにシェープしてカットする。もみあげの部分は真下に引いてななめのラインでカットする。

2

すべて1を切ったのと同じ位置でカットする。

3

バック同様、全体を一番下のスライスと同じ位置で切って、カドの残ったステップ風のワンレングスにする。

フロント

1

バングの三角ベースをとり、左右に分ける。顔の丸みに添って、センターの方を少し浮かせてシェープしてカットする。

トップ

1

チェックカットを行う。イア・トゥ・イアより後ろは放射状にスライスをとってオンベースに引き出し、切り口からはみ出している部分を落とす。

2

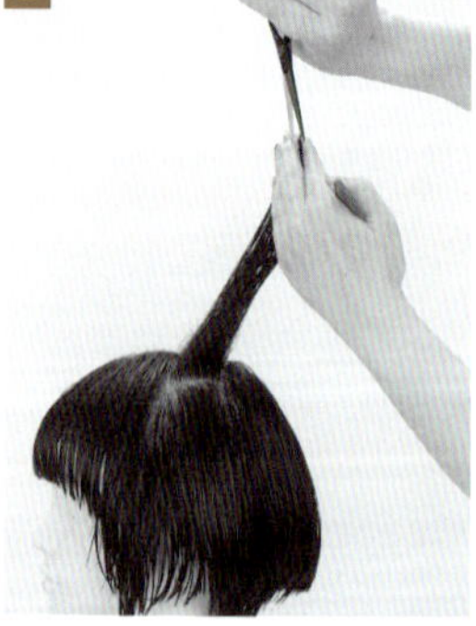

イア・トゥ・イアより前は縦スライスをとる。前下がりラインを短くしないために、イア・トゥ・イアまで後方に引いてチェックカットする。

毛量調整・質感調整

1

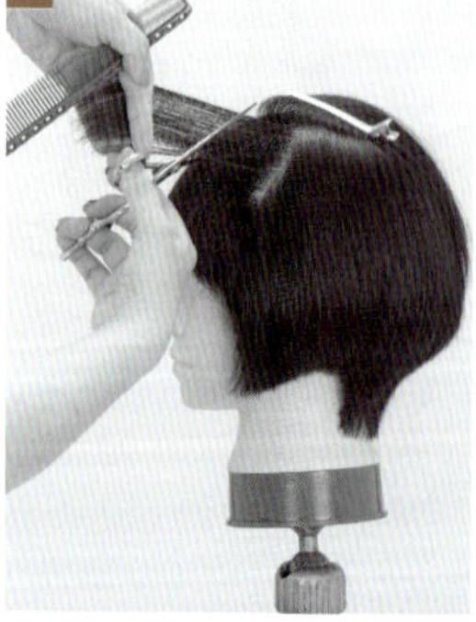

こめかみ奥の毛束を引き出し、セニングシザーをレイヤーの角度に入れて削ぎ、毛量を減らす。

2

イア・トゥ・イアよりやや後ろから縦にスライスをとり、セニングシザーで削ぐ。ここは毛量を減らし過ぎないように、グラの角度で削ぐ。

3

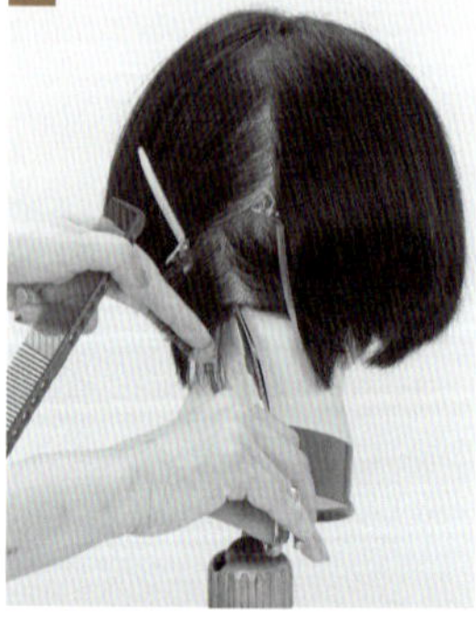

ネープから縦にスライスを引き出し、根元付近にルーツセニングを入れ、ポイントで毛量を減らす。

ディスコネで切った髪を
上からかぶせる

短く切ったネープの上に、長さをつなげずにワンレンを乗せている。単純な構造だが、その粗さが若々しい持ち味につながる。

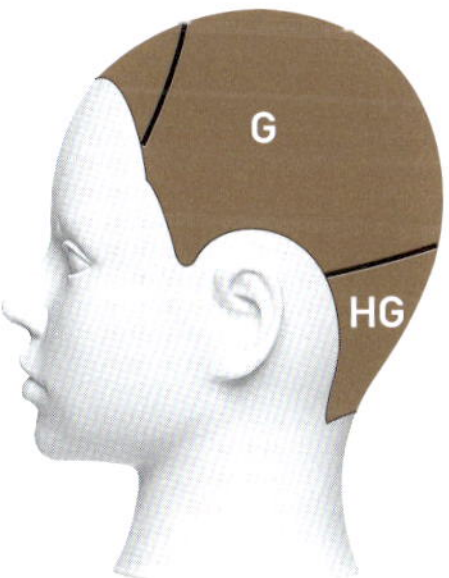

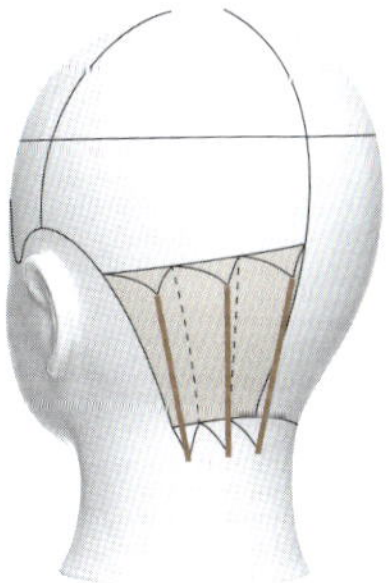

ネープセクション

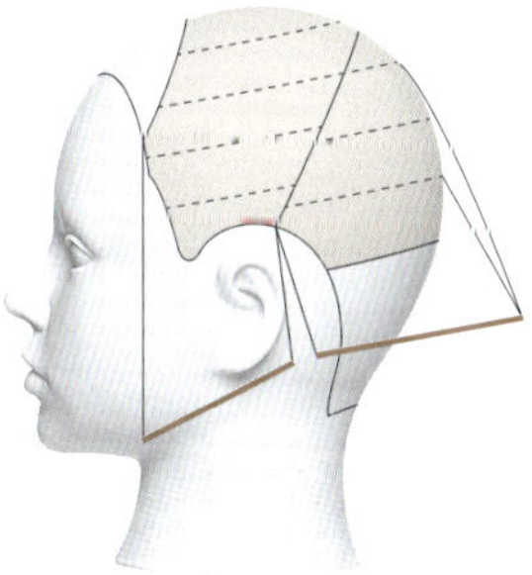

サイド&バックセクション

3

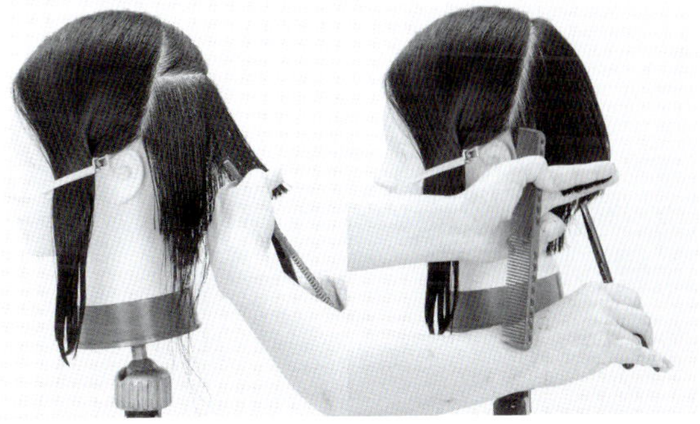

トップまですべて、1を切ったのと同じ高さで切る。カドのはっきりした、ステップ風のワンレングスになる。

2

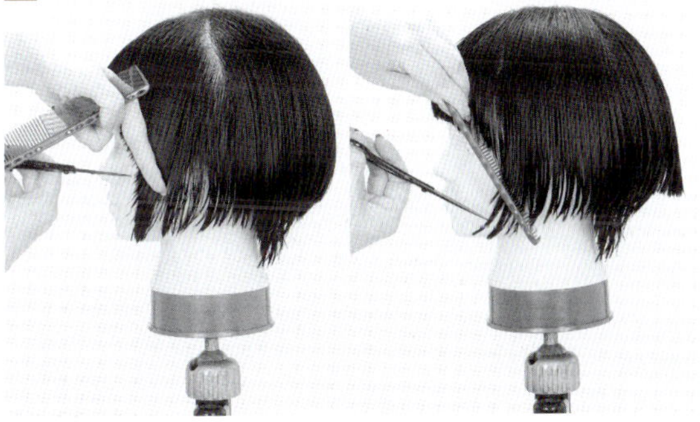

バングとこめかみの間の髪を前上がりのラインでつないでカットした後、フリーハンドでカーブ状にえぐるラインでカットする。

4

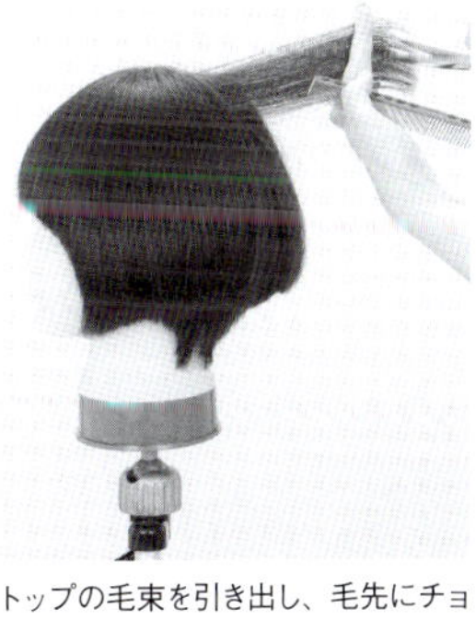

トップの毛束を引き出し、毛先にチョップカットを入れてザクザクした質感を作る。

Category

1 CUTE CASUAL 3

乱れたようなラフな動きのワンレングス

風に乱されたような、寝起きのような、わざと荒っぽい動きをつけたワンレングスボブ。
あえてきれいに作らない方が 10 ～ 20 代顧客の嗜好に合う。

バックセクション

1

耳後ろの点とつむじをつなぐ線で前後を分ける。表面の髪が短くなるのを防ぐため、頭を前に傾ける。ネープから横スライスでダウンシェープして平行にカット。

2

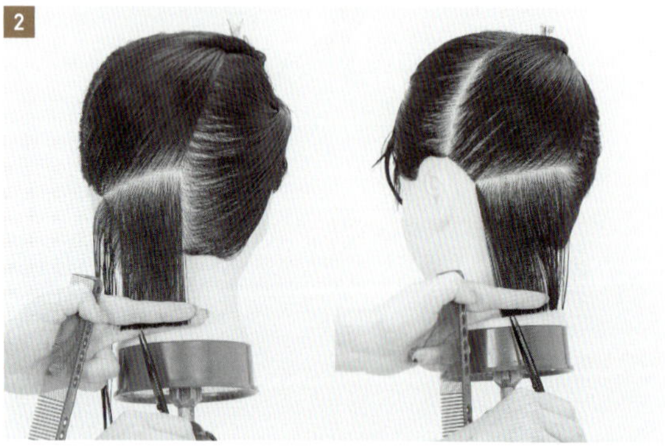

その上のスライスも、1を切ったのと同じ位置で切る。耳後ろは短くなりやすいため、少し後方にシェープして切り、長さを残す。

3

ぼんのくぼより上は、頭をまっすぐに戻して切る。耳後ろのこの位置は特に髪が浮きやすいので、後方へ大きくシェープして切り、長さを保つ。

4

トップまで、すべて1を切ったのと同じ位置にシェープして切っていく。

サイドセクション

1

耳上に横スライスをとり、バックとつなげて前下がりのラインを切る。ここは生え際のえぐれが大きくアウトラインに穴が空きやすいので、大きく後方にシェープして切って長さを残す。

2

同じスライスのフロント側。ダウンシェープして1につながる前下がりのラインを切る。

3

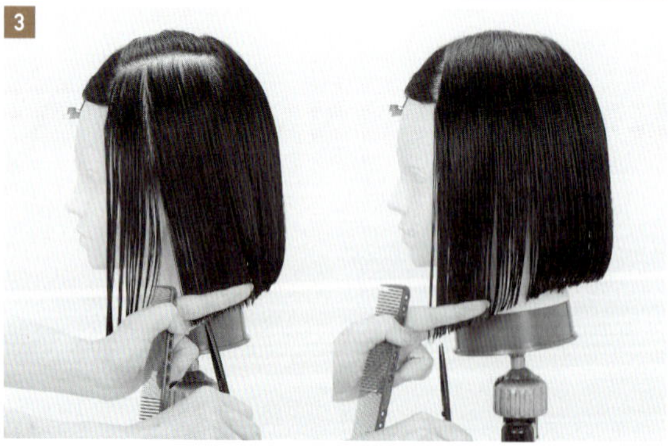

トップまで同様に、ワンレングスを切る。

チェックカット

1

耳から前の髪を前方に向かってシェープし、アウトラインからはみ出してくる部分を落とす。

トップセクション

1

頭のはちから上だけにレイヤーの段差をつける。バックのセンターから縦スライスを床と平行に引き出し、レイヤーのラインでカットする。

2

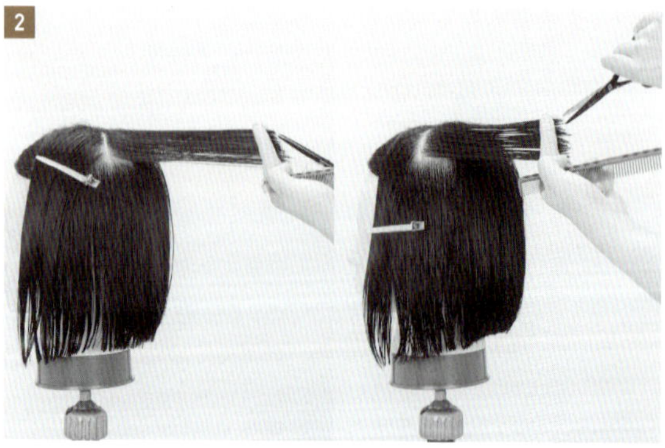

フロントに向かって、放射状気味に縦スライスをとってレイヤーカットしていく。前下がりの長さを保つために、後方にシェープして切る。パネルを引き出す高さは床と水平。

バング

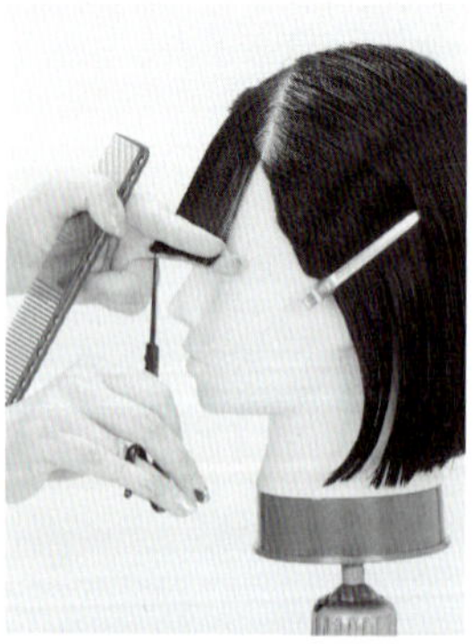

三角ベースをとって上下２段に分けて切る。下段を左右に分け、頭の丸みに添って中央が少し浮くようにシェープする。下段は 15 度、上段は 30 度のリフトでカット。

毛量調整・質感調整

1

ネープから縦スライスを引き出し、セニングシザーをグラデーションのラインで入れて削ぐ。毛量が減ってネープが落ち着く。

グラからレイヤーに一気につなぐ

動きを出すためにトップにレイヤーを足している。なめらかさを出すにはＳとＧの間にＨＧを挟むべきだが、ラフ感を出すために、あえてコーナーを残してつないでいる。

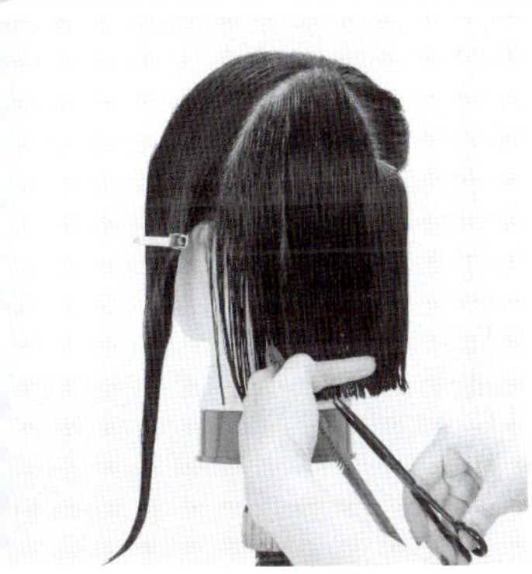

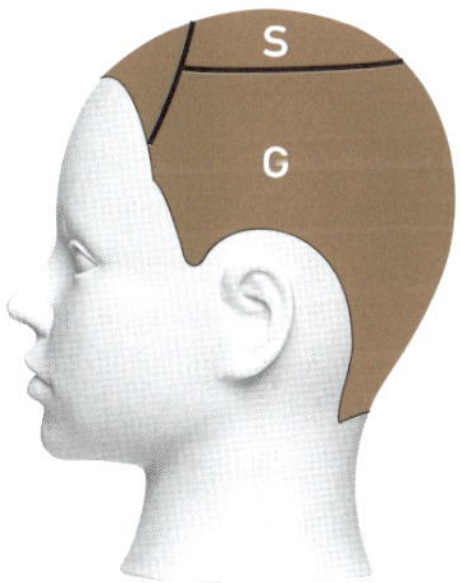

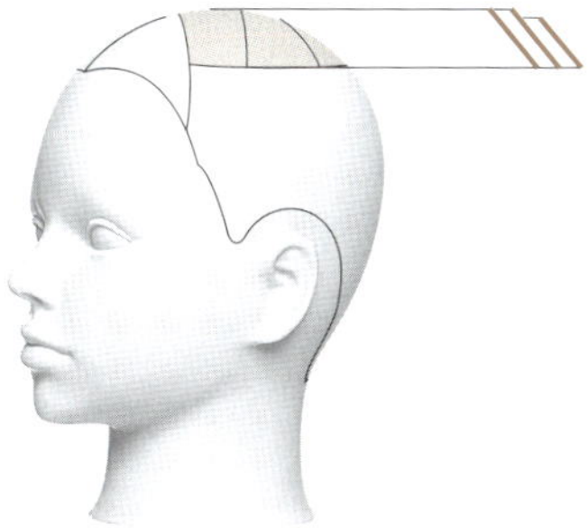

トップセクション

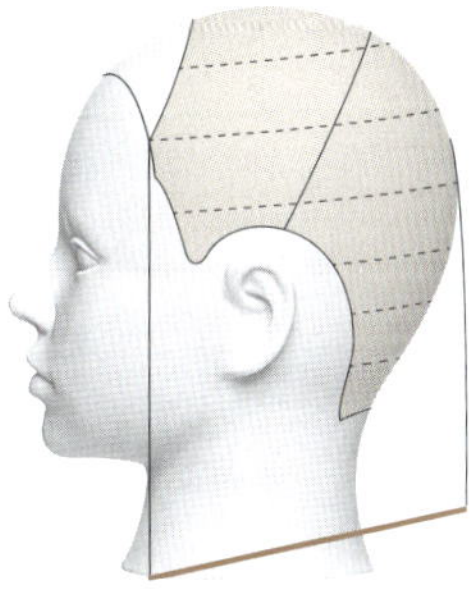

サイド＆バックセクション

2

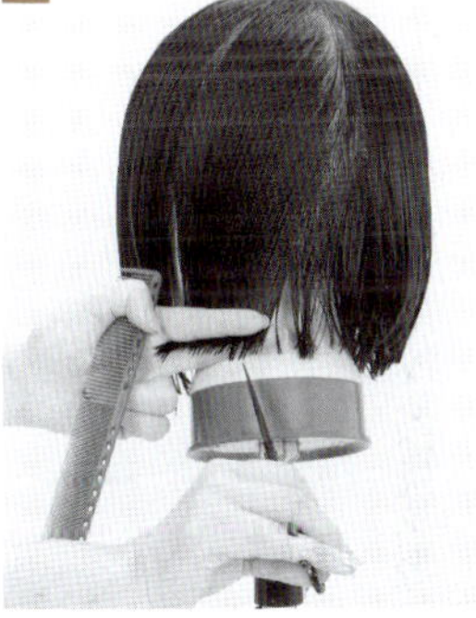

バックサイドも同様に前方にシェーブしてチェックカット。

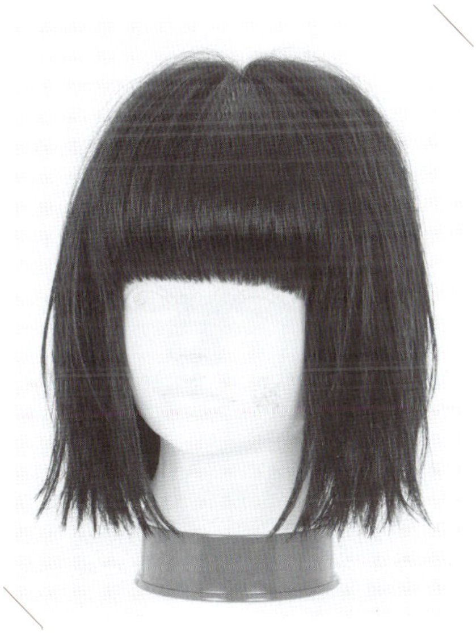

2

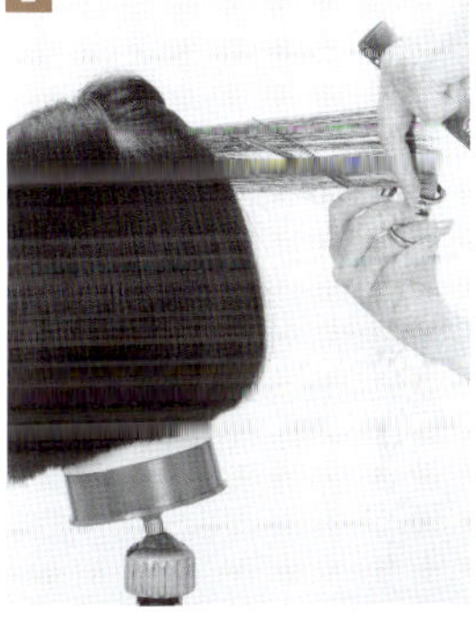

縦スライスをとり、レイヤーのラインでセニングシザーを入れて削ぐ。頭のはち一周行い、ボリュームを抑える。

3

フロントのこめかみ奥の髪に、チョップカットを入れて毛先をジグザグにする。

4

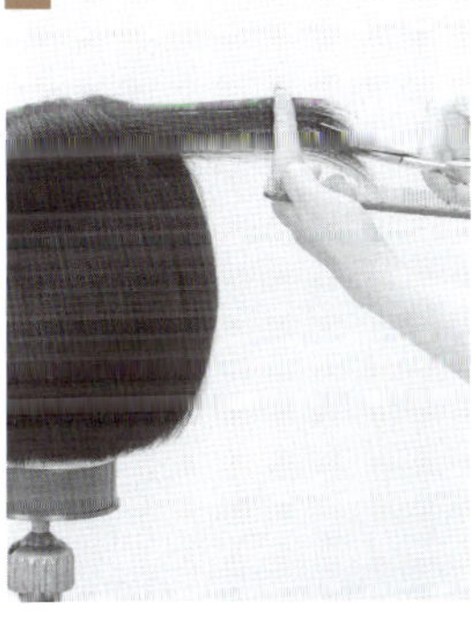

トップの髪を引き出し、深めにチョップカットを入れて乱れた質感を作る。

あご下に前上がりラインをつけたグラデーション

フロントのすそが前上がりになっているのがかわいいグラデーションスタイル。
カドを活かしたデザインが多かったキュートカジュアルに比べると、丸みのあるアウトラインが特徴的。

バック～サイドセクション

1

前後をイア・トゥ・イアで分ける。頭を少し前方に倒し、バックからカット。やや前下がりにスライスをとり水平ラインでカット。

2

そのまま端までカット。耳後ろは短くなりがちなので後ろにシェープして切る。

3

2段目も同様に切る。

4

3、4段目も同様に切る。耳後ろはやはり後方にシェープして切り、長さを残す。

5

耳上まで切ったら頭をまっすぐ起こす。残った髪をすべてダウンシェープして同じ長さでカット。

フロント～サイドセクション

1

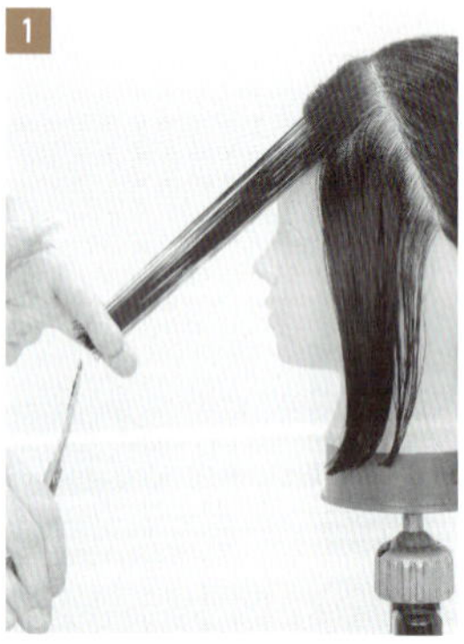

フロントに前上がりのグラデーションをつける。ななめにスライスをとり、45度の方向にシェープして、あご下の長さでカット。

2

次のパネルから徐々に引き出す角度を小さくしていく。前方30度に引き出し、第1パネルとつなげてカット。

3

もみあげ部分の髪は前方20度にシェープしてカット。

4

フロントより奥の上方の髪も、1段目を切った位置まで同様の角度でシェープして切る。

トップ

1

表面の髪の毛先にグラをつける。セクションを分け取り、2段に分ける。下段は横スライスをとり、75度にリフトしてカットする。頭1周行う。

2

上段の髪は90度にリフトしてカットし、グラをつける。このチェックカットによって表面の髪にグラがつき、丸みが出てくる。

バング

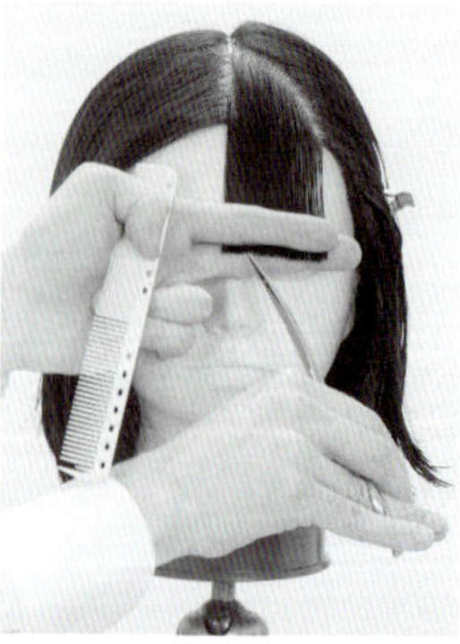

三角ベースをとって上下2段に分けて切る。下段は15度、上段は30度のリフトでカット。

毛量調整・質感調整

1

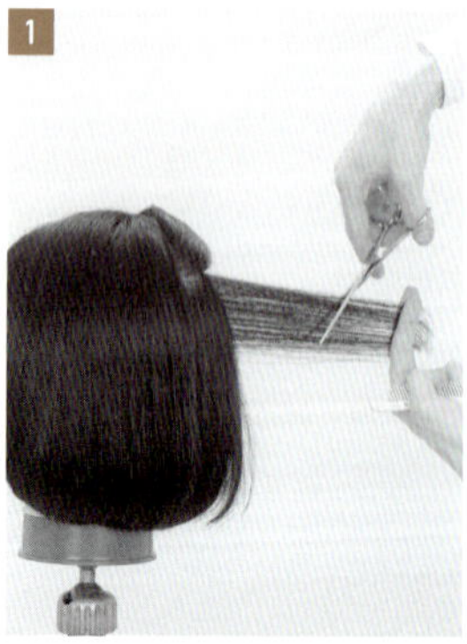

バック中心に毛量を減らす。セニングシザーをグラデーションのラインで入れて削ぐ。根元3分の2あたりから毛先まで3回ほど削ぐ。

6

サイドの耳上で横スライスをとり、ダウンシェープして、バックとつながる平行なラインを切る。

7

残りのサイドの髪をすべて同じ位置で切る。

2

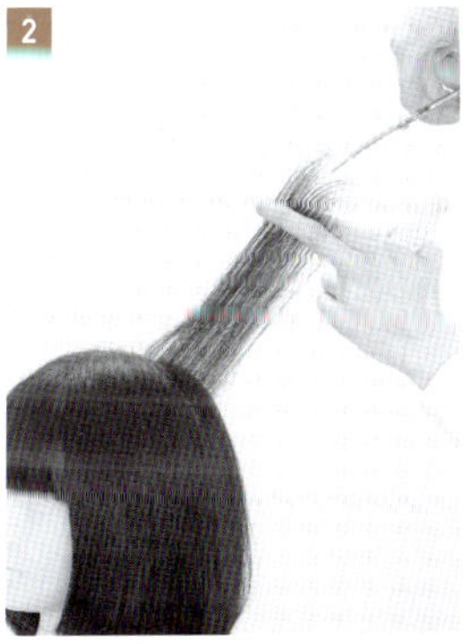

表面の髪にチョップカットを入れる。イレギュラーにギザギザにし、毛先の質感を変える。

3

さらに表面の髪にスライシングを入れる。毛束の裏側の根元近くからシザーを入れ、毛先に向かって裏側だけを削ぐ。

フロントを前方に引いて切り、あご下に前上がりのグラをつける

ワンレングスのベースを切った後、フロントを前に引いてグラデーションをカットする。さらに表面の髪を横に引き出してグラをつけ、丸さを出していく。

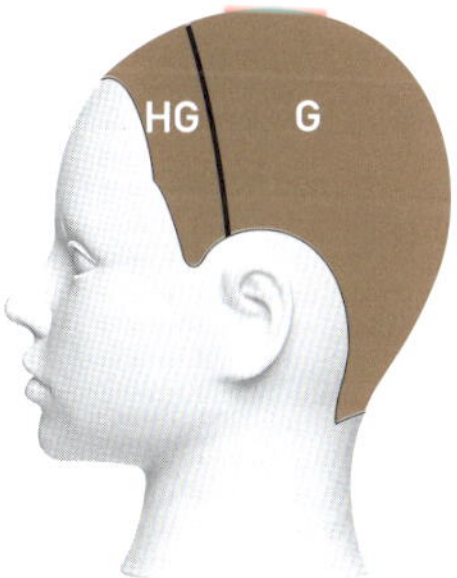

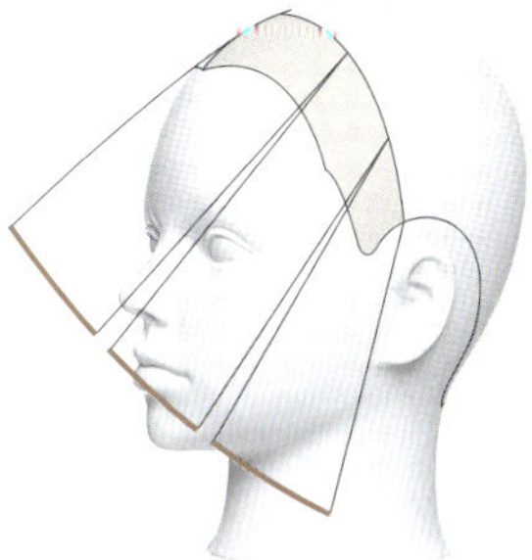

フロントセクション

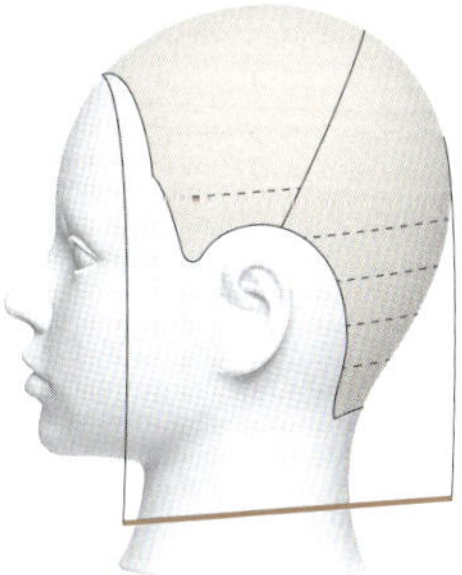

サイド＆バックセクション

Category

1 CUTE FEMININE 2

余分な重さをあえて残して少女性をアピールしたロング

顔まわりだけ軽くなっているが、それ以外は手を加えていない、伸ばしっぱなしのようなワンレングス。
余分な重さが幼い少女の印象につながり、フォークロア調のファッションにも似合う。

バック～サイドセクション

1

ネープに横スライスをとり、ダウンシェープしてスライス線と平行なラインでカットする。

2

同様に最後までダウンシェープしてカットする。

3

サイドをダウンシェープして、バックとつながる平行なラインで切る。

フロントセクション

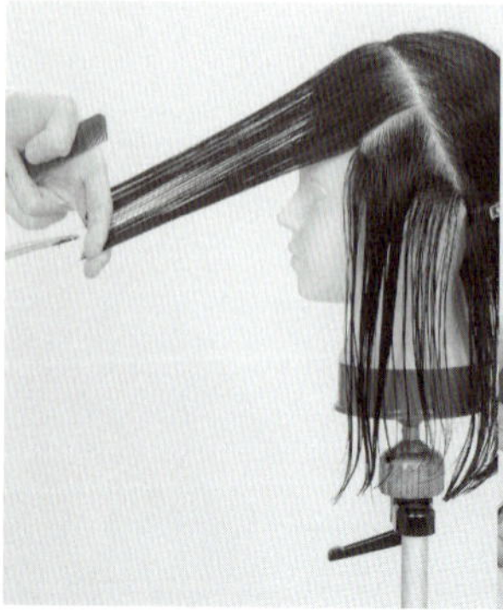

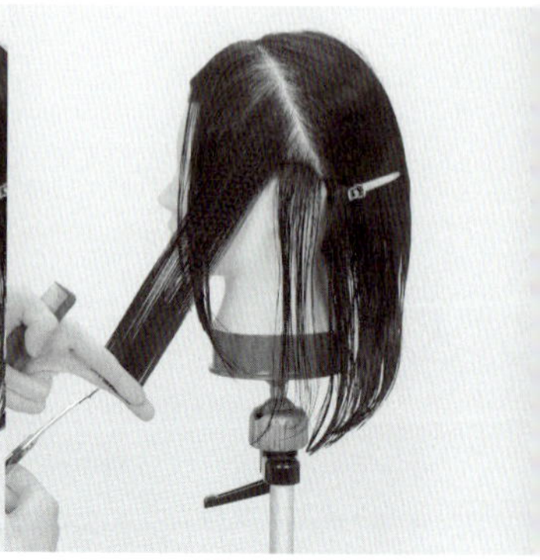

頭頂部よりやや前と、耳後ろを結ぶ線でスライスを分け取る。残したい長さを決め、上から 75 度、45 度、30 度の方向に、前方にシェープしてカット。

サイドセクション

1

サイドからバックもフロントと同様の方向に引き出して切る。フロントを切った位置までシェープして切ることで、バックの長さと重さを保つ。

2

1を切った位置までシェープして届く範囲の髪を、同じ位置でカットする。

3

バックのセンターはダウンシェープして平行なラインをカットする。

トップ

1

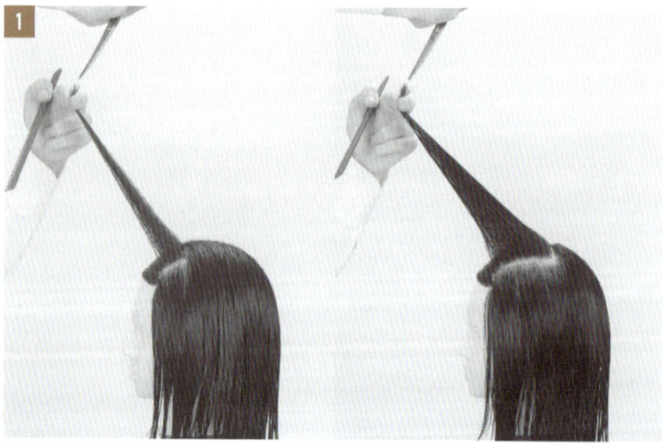

表面のカドを落とすチェックカット。イア・トゥ・イアより前は正中線に対して垂直にスライスをとり、前方にシェープしてチェックする。前にシェープしているので後方に長さが残る。

2

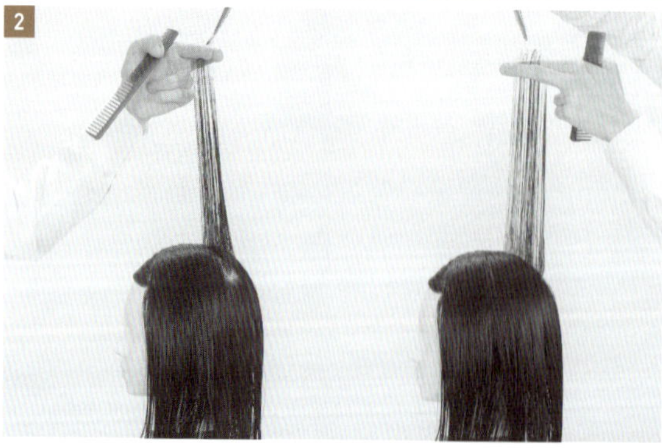

イア・トゥ・イアより後ろは放射状にスライスをとり、真上に引き出してチェックカットする。

バング

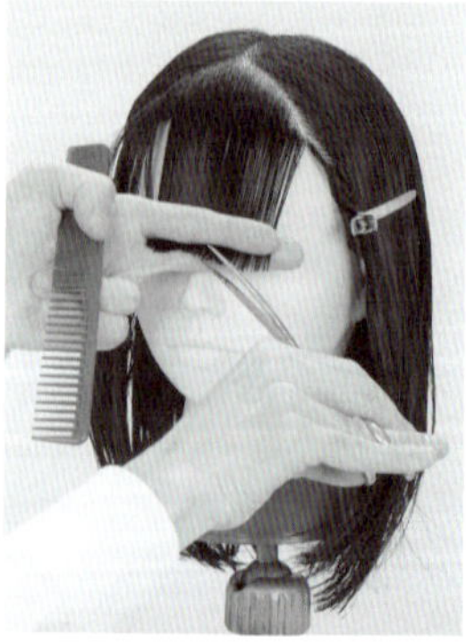

三角ベースをとり、2 段に分けてカット。上下とも 15 度（指 1 本分の高さ）のリフトで切る。

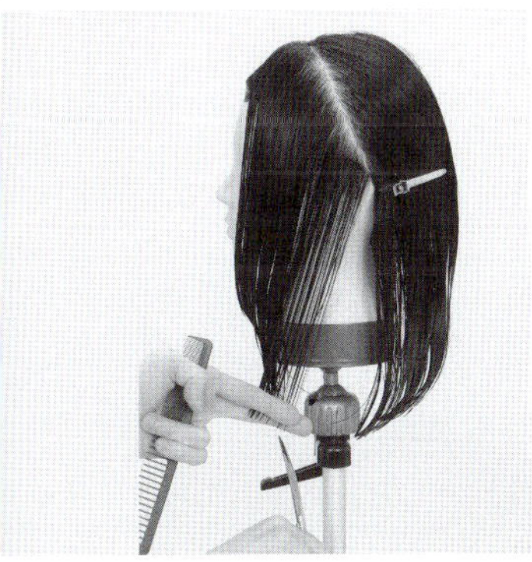

前方に放射状に引いて切り、フロントだけハイグラの段差をつける

前上がりにスライスをとり、放射状にシェープして、ラウンドしてつながるラインでカットする。すべてフロントの同じ位置まで集めて切るので、バックには長さと重さが残る。

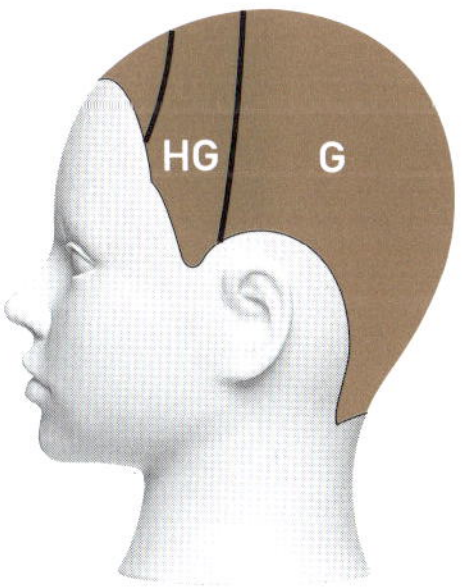

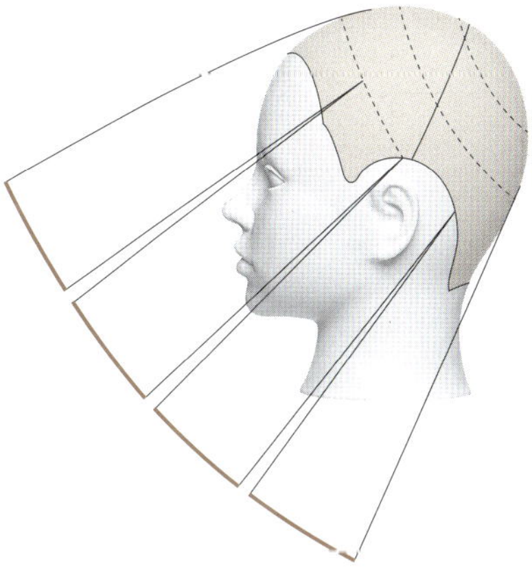

フロント～サイドセクション

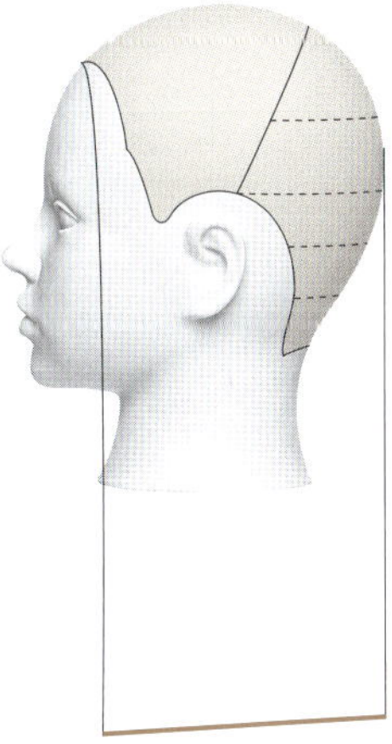

サイド&バックセクション

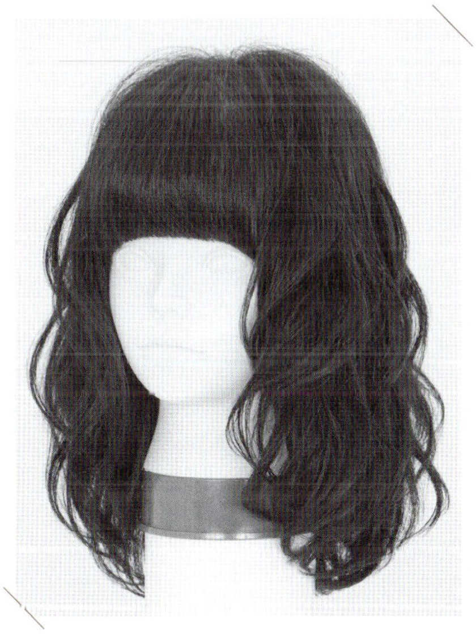

毛量調整・質感調整

1

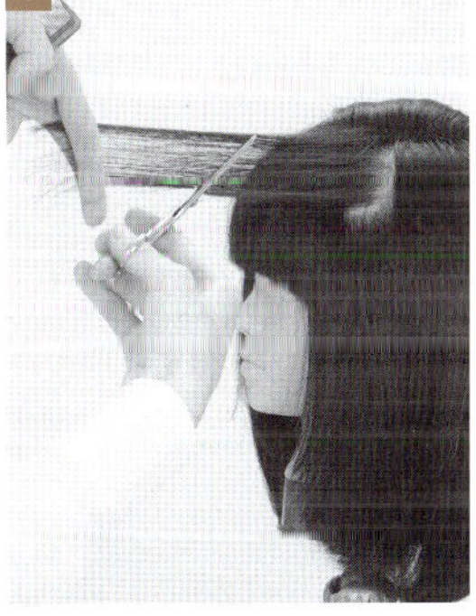

こめかみ後方の毛量を減らす。縦スライスで引き出し、セニングシザーをレイヤーのラインで入れて削ぐ。

2

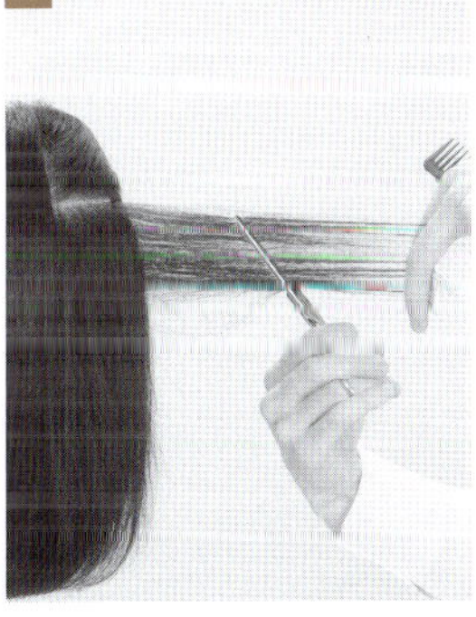

耳後ろも毛量がたまりやすいので、レイヤーのラインでセニングシザーを入れて削ぐ。

3

表面の髪の毛先にチョップカットを入れ、毛先にギザギザな質感をつくる。

Category 2

CATEGORY２の顧客像

顧客イメージは20代前半の女性。
代表的なテイストとして、
今どきの女の子らしさを前面に押し出した
「ガーリーエレガント」と辛口かっこいい系の
「ビターエレガント」を設定している。
このカテゴリのお客様はまだ学生か社会的な責任は
それほど重くない年代のため、
女の子らしい甘さやセクシー感を前面に押し出したり、
自分の趣味や好みをそのまま外見に表わすことを楽しんでいる。
そのへんを考慮したヘアスタイル提案を心がけたい。

BITTER ELEGANT

ビターエレガント

イメージとしては、肩や背中を大胆に出した、レザーもしくはデニム素材のファッション、強いアイライン、ぽってりしたリップのメイク。雑誌でいうとBLENDA、JELLYなどに出てくるモデルのような、セクシー、かっこいい路線が好き。このテイストの女性は、長めだけでなく比較的短いレングスのヘアも好む。かっこよさを出すために、フォルムはやや細みで、髪に動きをつけた仕上げが多い。バングを作らずに額を出したり、長めのフロントにすることが多いのも特徴。

GIRLY ELEGANT

ガーリーエレガント

雑誌でいうと Sweet、ViVi などを読んでいるタイプで、海外の女優やモデルと同じようなトレンドを取り入れている。ファッションは明るいきれいな色づかいで、キャミソール、ミニスカートなどいかにも女の子らしいアイテムが多い。ヘアは長めレングスが好まれる。華やかに見せるためボリュームは必要だが、同時に「ふんわり」「軽い」という要素も甘さを出すために欲しがる。そのためカットベースは重めで、スタイリングでカールやウエーブを出すのが好き。完全なストレートタッチはあまり見られない。

上下で重軽のコントラストをつける

ひとつのセクションでフォルムに変化をつけるのは難しいが、上下にセクションを分けて切ると飛躍的に可能性が広がる。
フォルムの変化で見た目にコントラストをつけられるというのが、このカテゴリで手に入る大きなデザイン効果だ。
簡単に言うと、上を軽く下を重く、もしくはその逆にすることでメリハリが生まれる。
派手なデザインにしたければその差を大きくすればよいし、さりげなくしたければ差を小さくすればいい。

● 上を軽くしたスタイル

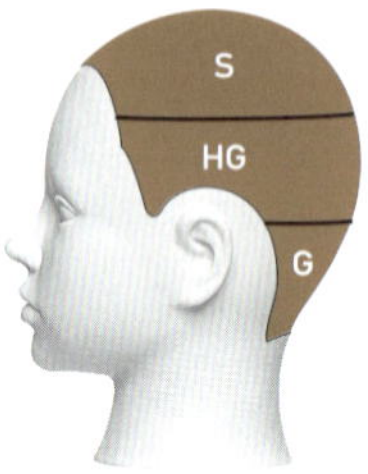

上をレイヤー、下をグラデーションで
切り分けている。

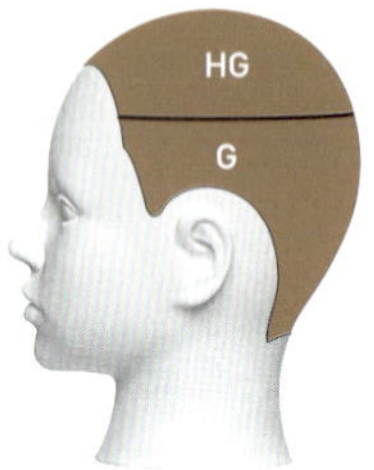

上をハイグラ、下をグラデーションで
切り分けている。

● 下を軽くしたスタイル

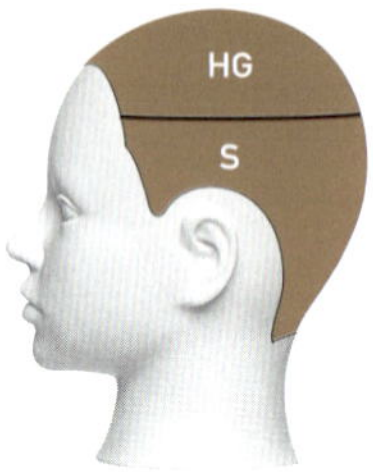

上がグラデーション、下がレイヤーで
切られている。

● カテゴリ1との違い

2セクション

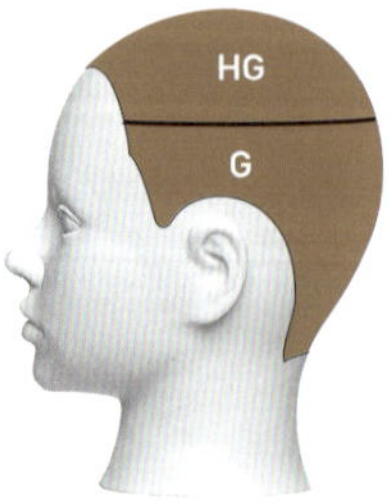

1セクション

横幅を感じる

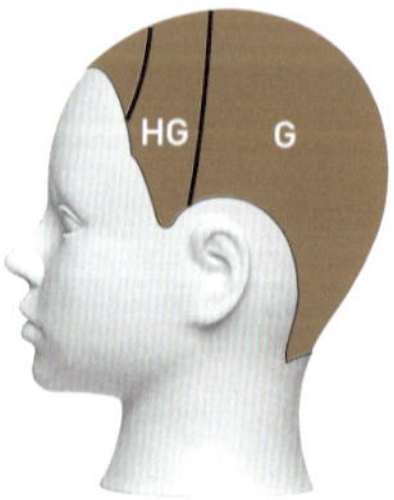

コントラストをつけたといってもロングヘアはわかりにくいが、カテゴリ1と比べてみるとその差はよくわかる。ほとんど1セクションで切ったスタイルと比べると、頭上部に縦の距離感が生まれ、メリハリがついているのがわかる。

前後で重軽のコントラストをつける

カテゴリ2のスタイルには、段差による上下のコントラストだけでなく、前後のコントラストもよく使われる。図解に出てくるS－HGやHG－Gといった表記は、ひとつのセクションの中で段差のつけ方が変わっているという意味で、S－HGだったらセイムレイヤーからハイグラデーションへ移行しているという意味。
段差を変化させるために、パネルを前方もしくは後方に引いて切る「オーバーダイレクト（ODと略す）」を利用する。
ODで切ると前後のつながりに長さの長短ができるが、Aのスタイルはフロントからバックにかけて連続して前方にODでカットし、段差を変化させている。

A

B

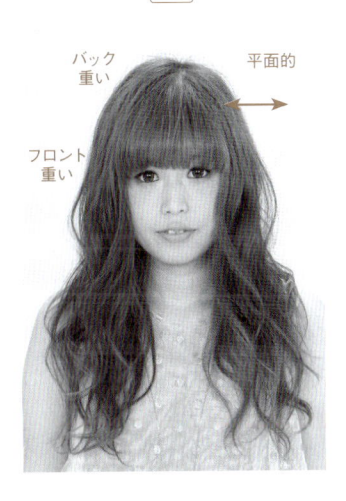

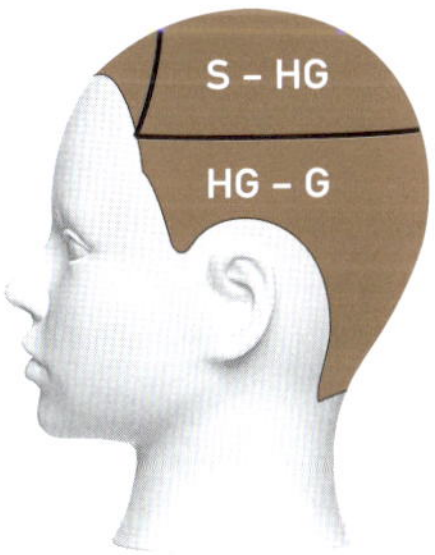

〈ODの効果例〉
どちらも2セクションで切りわけているが、Aは前が軽く後ろが重くなっている。そのためフロントからバックにかけて奥行が感じられる。

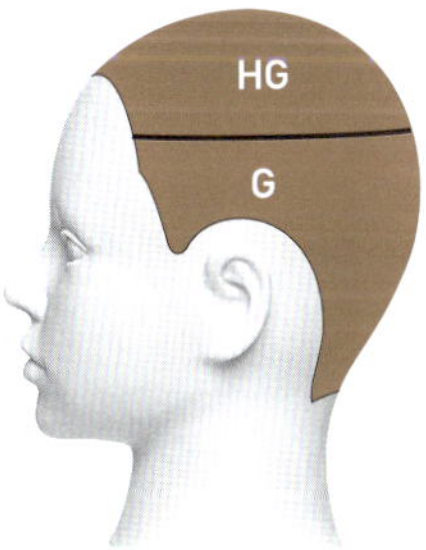

それに対してBはフロントからバックにかけての量感に変化は感じない。どちらを選ぶかは好みであるが、強いて言えばBの方が幼いイメージで、Aの方がやや大人っぽい。

動きを表現するための削ぎを取り入れる

削ぎのカットとして、セニングシザーだけでなく、スライドカットで毛束を削ぐ「ラインセニング」が加わる。
これは毛量調整というより質感を作るための削ぎ。
特に「ビターエレガント」では髪を動かすスタイリングが多くなるため、必須の技法になる。

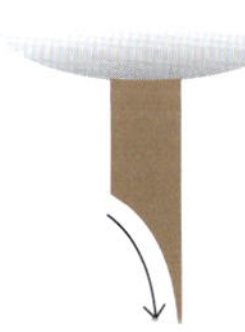

アウトラインにサイドセニングを入れた例。縦長のシルエットに肩周辺で毛先の動きが表現されてアクティブな印象に。

サイドセニング（片側）

サイドセニングとアンダーセニングを使った例。毛束の動きと浮き感が出ている。

サイドセニング（両側）

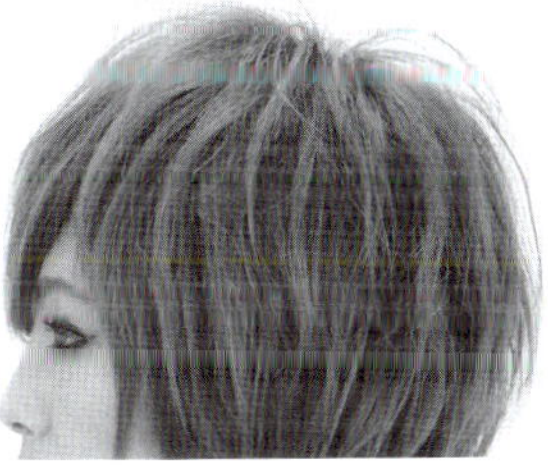

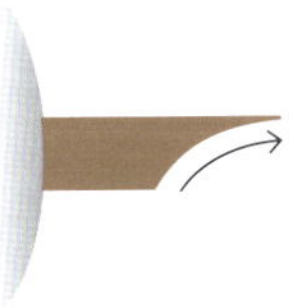

トップの後方にアンダーセニングを入れた例。毛束が浮きやすくなり、つぶれるのが防げる。

（アンダーセニング）

Category

2 GIRLY ELEGANT 1

もっともシンプルな2セクションのロングスタイル

ワンレンロングに最小限の軽さを加えたデザインで、凝ったカットは加えていない。
この世代の女性が求める「こなれた感」を出すには、フォルムのコントロールは控えめにし、質感を強調した方が雰囲気が出る。

アンダーセクション

1

サイドを前上がり、バックを平行にアウトラインを切っておく。フロントから縦に近いななめスライスを前方20度の方向にODし、ややななめのラインで切る。

2

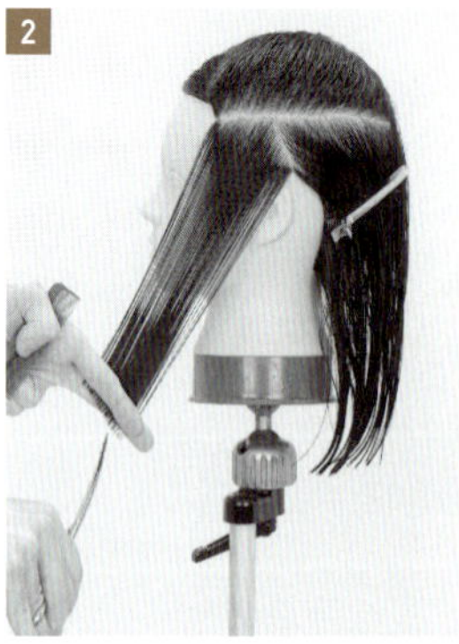

次のスライスも同じ位置まで引き出して切る。

3

耳を過ぎたらスライスラインはバックまでとる。耳付近は小さく前にODして切り、

4

バックはダウンシェープで切る。

5

スライスのサイド寄りは小さくODし、バック寄りはダウンシェープを繰り返して、最後まで切る。

オーバーセクション

1

フロントから縦に近いななめスライスをとり、大きく前方へODする。75度のリフトで、ややななめのラインで切る。

2

次のスライスは1と同じ位置までODしてカット。

3

耳上からはODを小さくして、75度のリフトで引き出してカット。

4

スライスの下方に進むにつれ、少しずつリフトを下げて切っていく。

チェックカット

正中線からパネルを上方に引き出し、やや前方にODして、ラインからはみ出している部分を落とす。

バング

三角ベースをとり、2段に分け、下段は15度、上段は45度リフトで切る。

毛量調整・質感調整

1

頭のはち付近のフロント寄りをレイヤーのラインで削ぐ。シルエットが締まる。

2

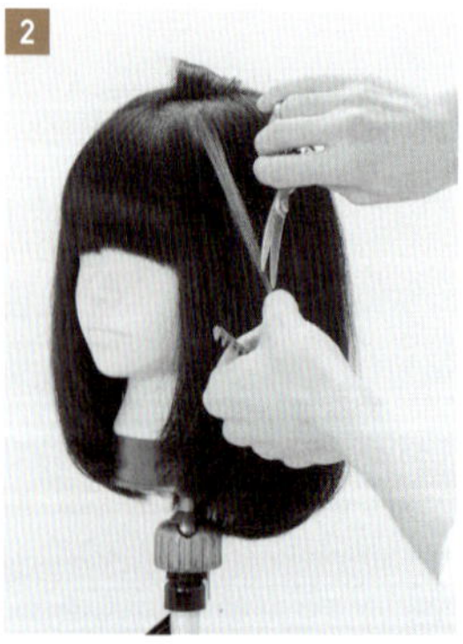

オーバー全体にサイドセニングを入れ、束感と動きを作る。

3

アンダーの前方に深めにサイドセニングを入れる。鎖骨から胸元にかかる部分に軽さが出る。

ワンレンに近いアンダーと、
それより少しだけ軽いグラの
組み合わせ

アンダーは重たいグラデーション。オーバーはそれよりやや軽いグラだが、フォルムに大きく影響するほどの段差はつけない。

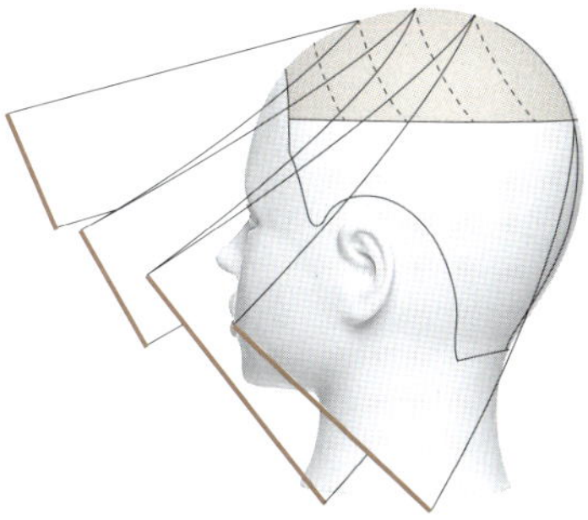

オーバーセクション

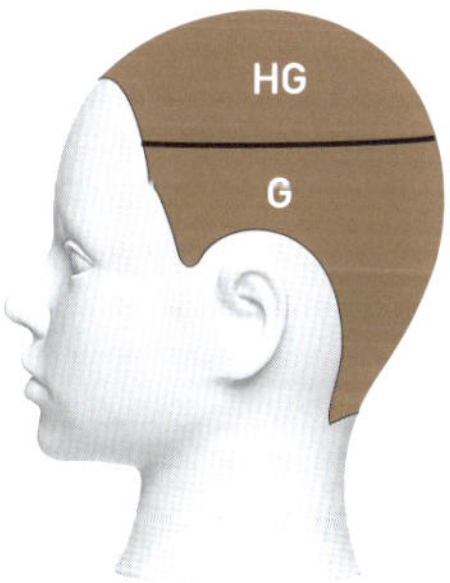

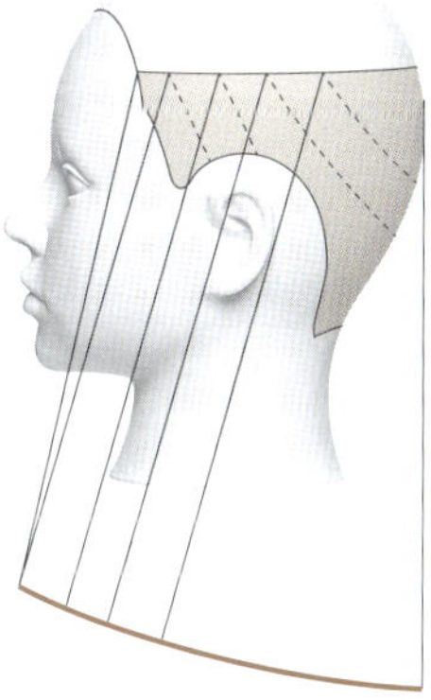

アンダーセクション

5

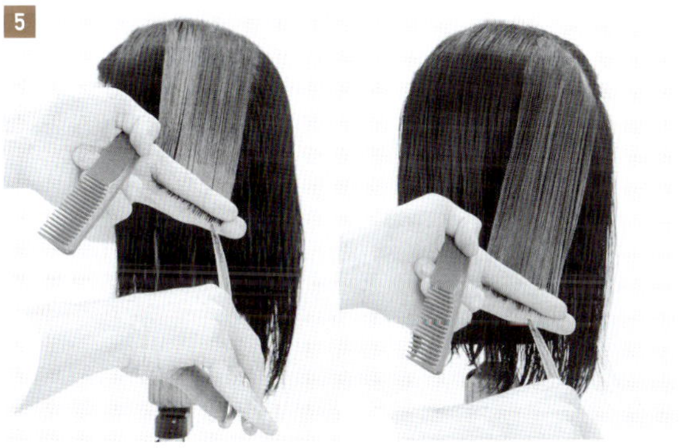

バックのセンターは長さを短くしたくないので、再びODを強めにする。4を切ったのと同じ位置までODしてカットする。

4

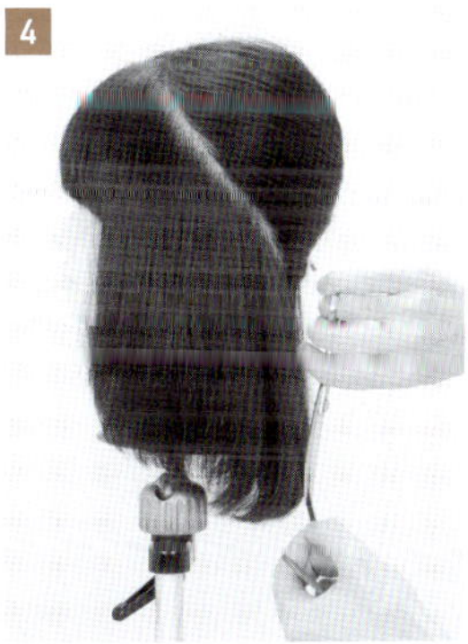

アンダーにサイドセニングを入れる。
アウトラインに軽さが出る。

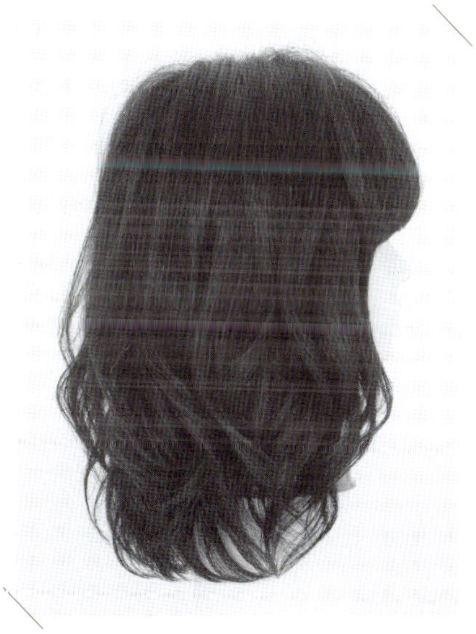

華やかなボリュームの上に軽さをプラスしたデザイン

たっぷりしたボリュームで、アイロン仕上げが華やかに決まるロング。
全体に重さが均一だと幼い印象になってしまうので、顔まわりとサイドを中心に軽さを出している。

アンダーセクション

1

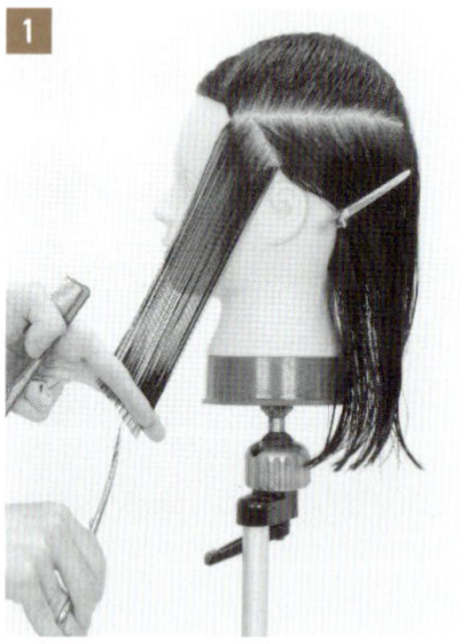

2 セクションラインで分ける。フロントから縦に近いななめスライスをとり、前方 30 度にODして、ななめのラインでカットする。

2

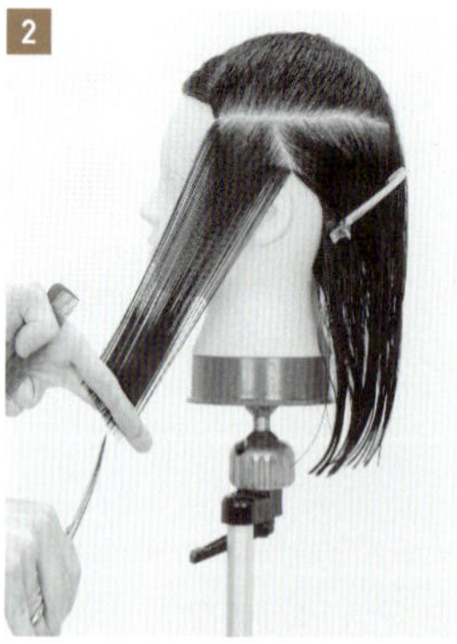

耳上はアウトラインに穴が空きやすいので、フロントのパネルを切った位置まで引いて切り、長さを残す。

3

耳後ろからはバックまでつなげてななめにスライス線をとる。サイド近くは 20 度ほど前方へ OD して切る。

4

バックセンターに近づいてきたらODはしないで、真下にシェーブして切り終える。写真は後ろから見たところ。

5

サイド近くは前方へ小さくODし、バックは真下にシェーブして切るのを繰り返し、最後まで切り終える。

オーバーセクション

1

フロントに縦に近いスライスをとり、大きく前方にODする。床と水平にシェーブして、レイヤーのラインでカットする。

2

耳前はアンダー同様、フロントのパネルと同じ位置まで OD してカットし、長さを残す。

3

耳上は少し短めにしたいので、前方へのODを小さくする。床と平行にシェーブしてカット。

4

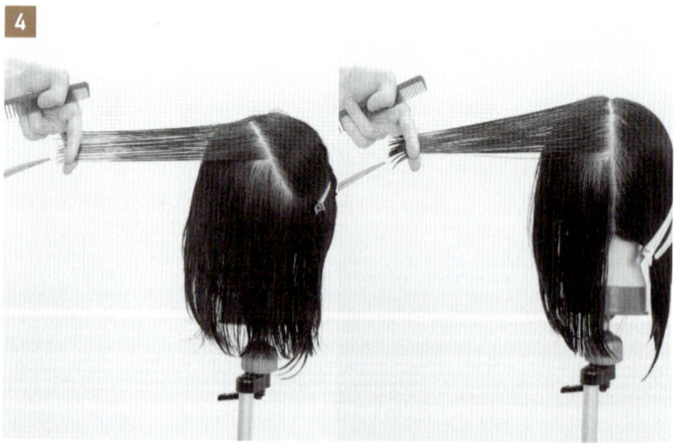

バックには長さと重さを保ちたいので、再び前方へのODを大きくしてカットする。スライスも縦だと段差がついて軽くなりやすいので、横スライスに近づけて切る。

トップ

チェックカットのため、正中線からパネルを上に引き出す。やや前方にODして、ラインからはみ出している部分を落とす。

バング

1

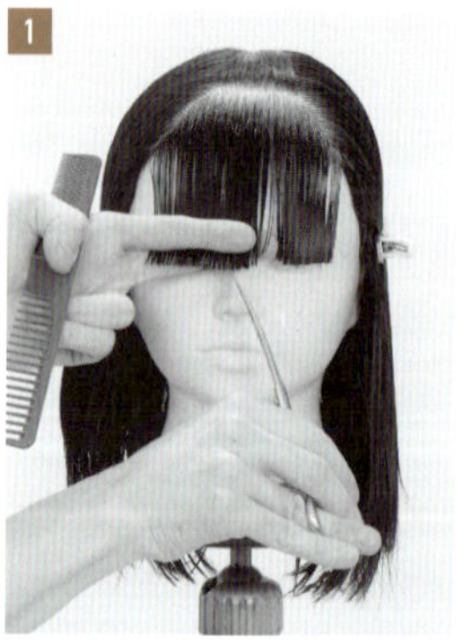

三角ベースをとり、上下 2 段に分けて下段を 15 度のリフトで切る。

2

上段は 30 度のリフトでカットする。

毛量調整・質感調整

1

アンダーセクションから毛束をとり、サイドセニングで後方の側面だけ削ぐ。後方の側面だけ削ぐことで、すそに前方への毛流れが生まれる。

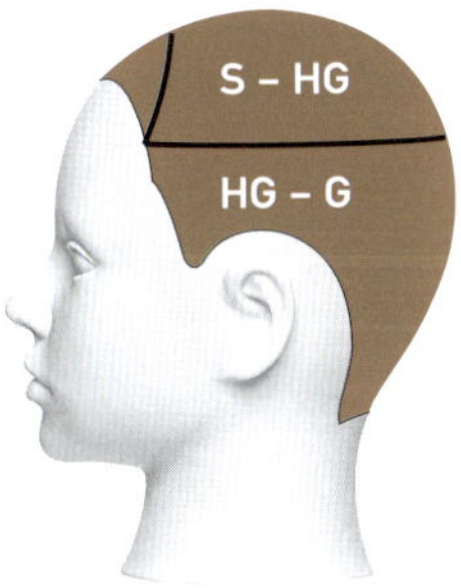

上下と前後で重さに変化をつけて切る

アンダーはグラだがフロントの方が軽くなるように切っている。オーバーはアンダーより軽いが、前方に大きくODして切っているため、前が軽く後ろが重い。したがって全体の中ではオーバーのフロントが一番軽さが出ていることになる。

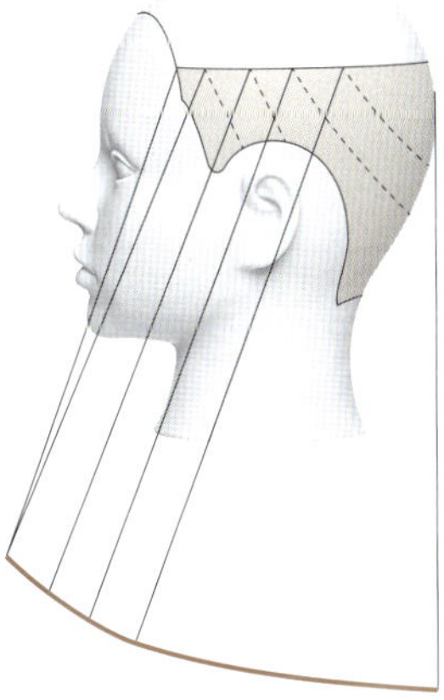

アンダーセクション

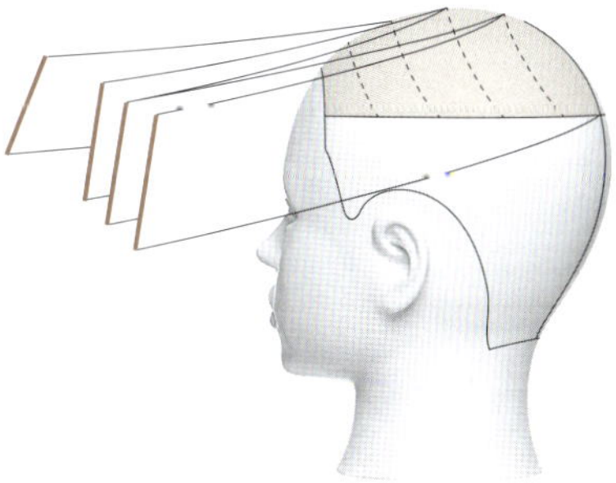

オーバーセクション

2

オーバーセクションから毛束をとり、スライシングで毛束の左右側面を削ぐ。表面に髪の動きが表現しやすくなる。

3

オーバーセクションのイア・トゥ・イアより前から毛束をとり、スライシングで毛束の下側を削ぐ。顔まわりにふんわり感を与える。

動きと束感で形をぼかした女の子らしいボブ

カテゴリ1のボブははっきりした形が魅力になっていたが、このカテゴリで提案するのはあいまいではっきりしない形。
力の抜けたさりげない印象を出すのがポイント。

アンダーセクション

1

イア・トゥ・イアで分けてバックから切る。ネープからダウンシェープでカット。

2

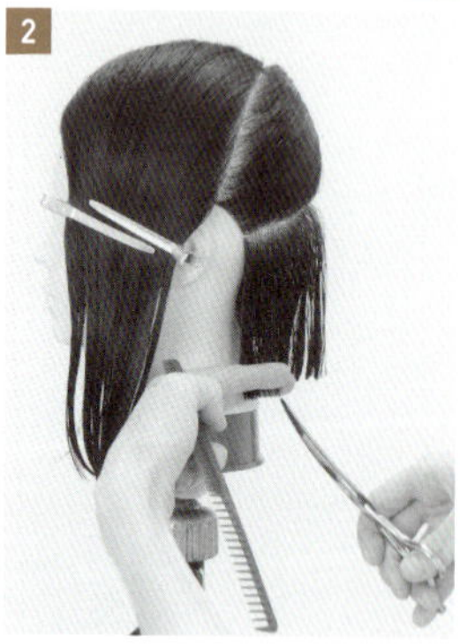

やや前下がりスライスで上へ切り進める。すべて 1 と同じ位置でカット。

3

耳の脇はヘムラインがえぐれていてラインに穴が空きやすいので、後ろにODして切って長さを残す。

4

オーバーセクションまで 1 と同じ位置で切って、ワンレングスの状態にする。

5

サイドのカット。ななめスライスをとり、前方30度にODして切る。アンダーはすべてこのパネルに集めて切る。

オーバーセクション

1

フロントから縦にスライスをとり、前方にODして90度（床と水平）にパネルを引き出す。ななめのラインでカットする。パネルの一番下の長さは切らないように注意する。

2

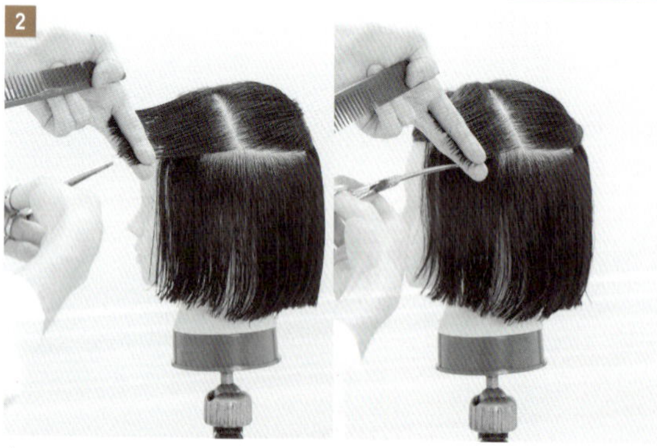

次のスライスから耳上までは、1 よりも前方へのODを小さくして切る。パネルを引き出す高さは90度のまま。

3

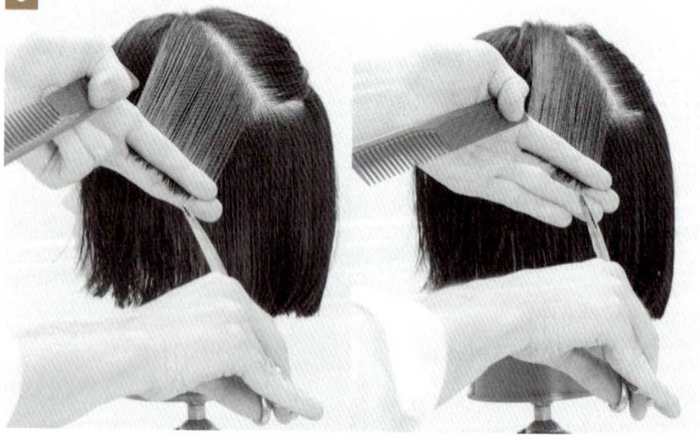

耳より後ろは前方へ小さくODして、パネルを75度の高さにリフトして切る。

トップ

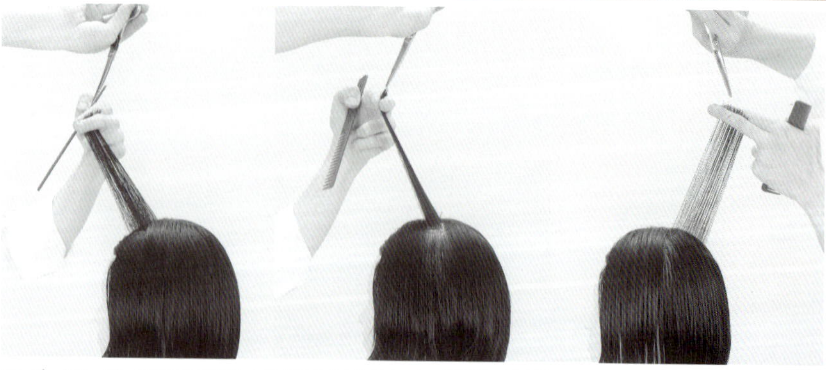

アンダーとオーバーの間のカドを削ってなじませるためのカット。頭頂部に放射状にスライスをとる。イア・トゥ・イアより前は真上にリフトしながら前方にODし、後ろはオンベースに引き出して、ラインから飛び出している部分を落とす。

バング

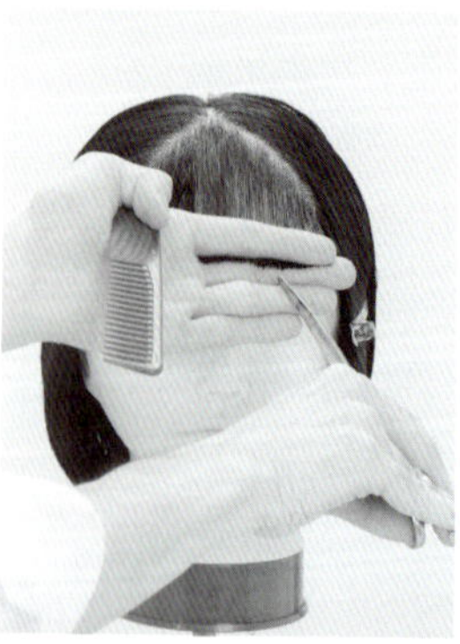

三角ベースをとり、上下段に分け、下は15度、上は45度のリフトで切る。

毛量調整・質感調整

1

軽さを出すため、オーバーのフロントからサイドにかけてサイドセニングを入れる。

下でボブのベースを作り、
上で軽さを表現する

アンダーセクションはGだが、サイドはバックより少し軽いグラをつけて切る。オーバーはセイムレイヤーとハイグラでカット。フロントは軽く、バックが少し重くなるコントラストが明るい女の子らしさを作っている。

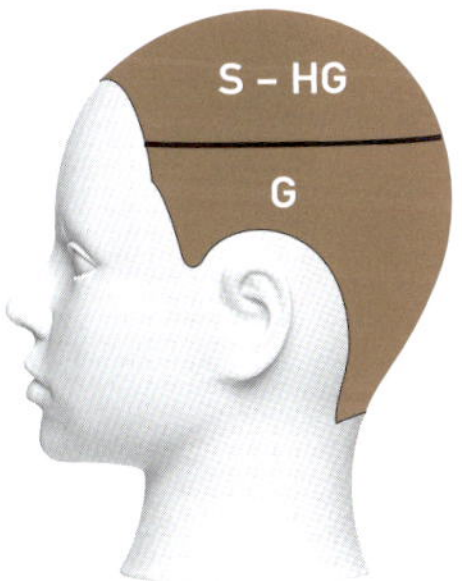

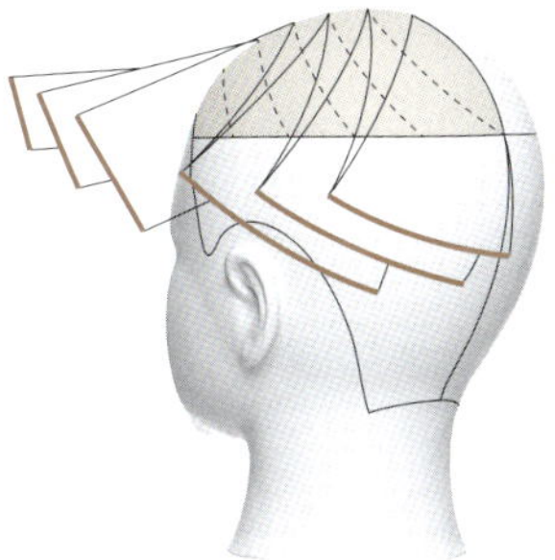
オーバーセクション

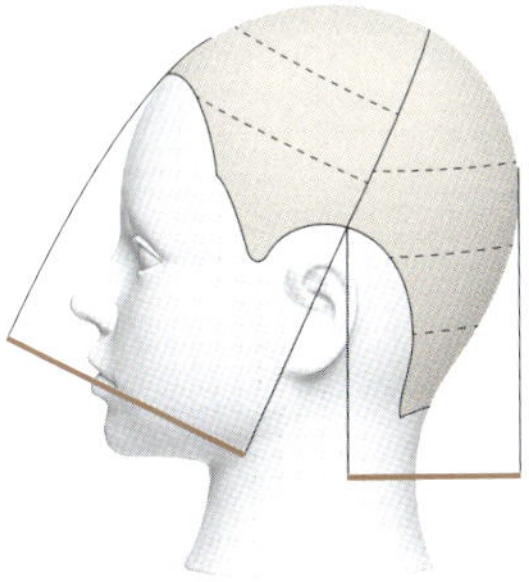
アンダーセクション

6

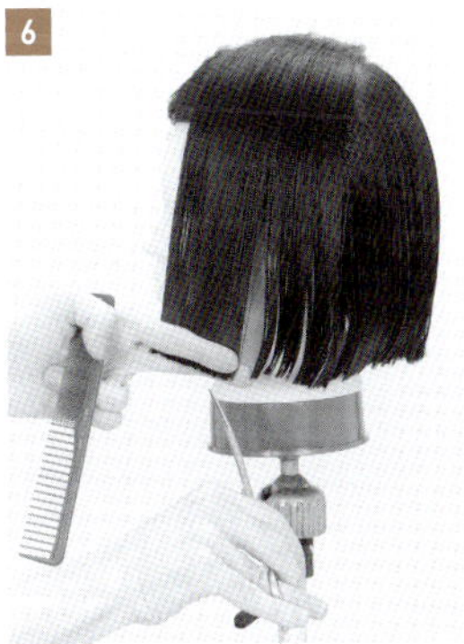
オーバーセクションまで、すべて5と同じ位置でカットする

4

75度のリフトでバックセンターまで切る。スライスが横に近づきリフトを低くしたことで、バックにはハイグラの段差がつく。

2

同様にフェースラインにもサイドセニングを入れる。

3

ネープが内側に入りやすくなるよう、縦スライスをとり、グラデーションのラインで削ぎを入れる。

4

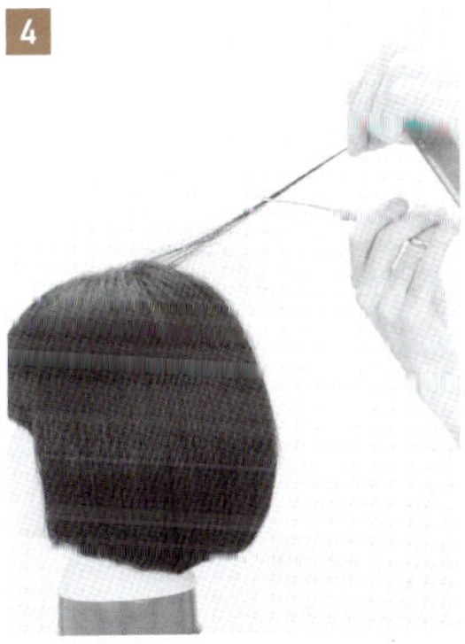
トップの後方にアンダーセニングを入れ、つぶれるのを防ぐ。

縦長シルエットと前下がりラインでつくる辛口ボブ

ビターエレガントはここまでのスタイルにはなかった、全体に縦長のシルエットが特徴。といってもあまりスリムな形にしてしまうと今っぽくないので、適度に重さを残している。レイヤーカットと削ぎを活かした、動きのあるスタイリングが似合う。

アンダーセクション

1

2セクションラインで上下に分ける。アンダーセクションを前下がりラインでカットする。

2

バックのセンターからグラデーションカット。縦にスライスをとり、60度で引き出して切る。

3

次のスライスからは、ひとつ後ろのスライスを切ったのと同じ位置まで後方にODして切る。

4

短くなりやすい耳後ろは、スライスふたつ分、後方にODして切る。

5

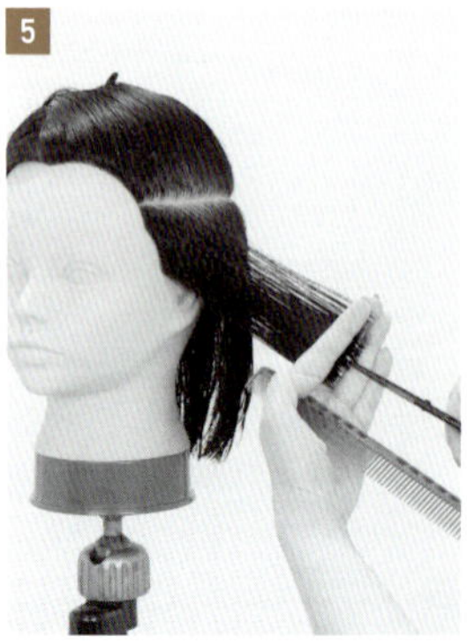

耳前からフロントまでは、後方へのODを再び小さくし、スライスひとつ分後ろに引き出して切る。

オーバーセクション

1

トップの髪だけ取り分けておく。バックのセンターをオンベースに引き出し、セイムレイヤーにカット。

2

次のスライスからはアンダーセクション同様、ひとつ分後ろにODしてカットする。

3

耳上はアンダーと同様、スライスふたつ分、後方にODして切って長さを残す。

4

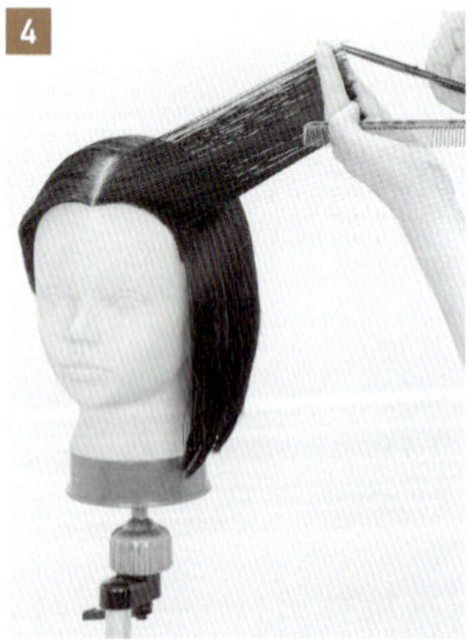

耳前からフロントまでは、再びODを小さくし、スライスひとつ分後ろにシェーブして切る。

トップセクション

トップをセイムレイヤーに切る。正中線から放射状にスライスをとってオンベースに引き出し、少し後方にODしてカット。

フロント

1

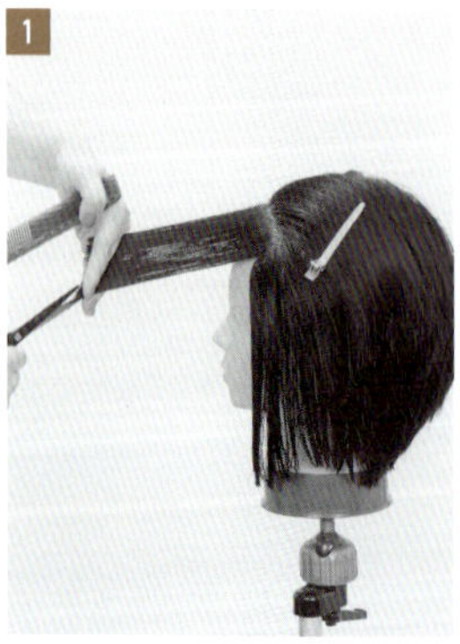

フェイスラインからパネルを前方に引き出して、サイドと長さをつなげてカットする。

2

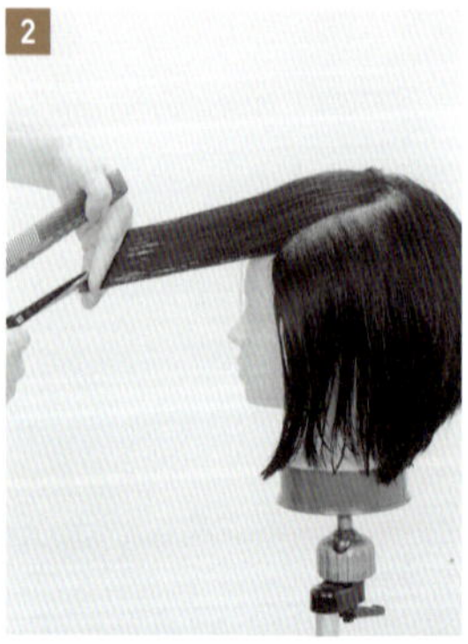

フロントからバック上部の髪を、届く限り1で切った位置まで集めてカットする。

縦切りのカットを上下で組み合わせる

アンダーはぎりぎりウエイト感が出るくらいの軽いハイグラ、オーバーはレイヤーで切る。上下セクションとも後ろにODして切るので、前下がりのラインが生まれ、ビターエレガントらしいシャープな印象になる。

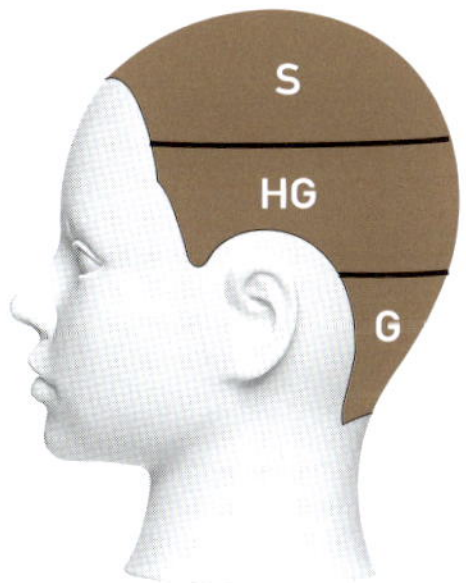

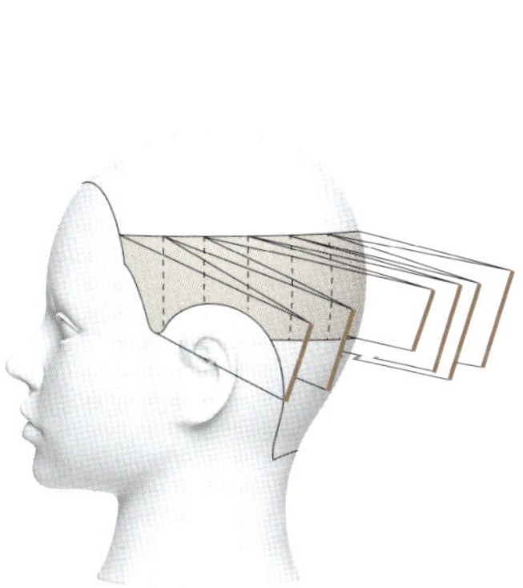

アンダーセクション

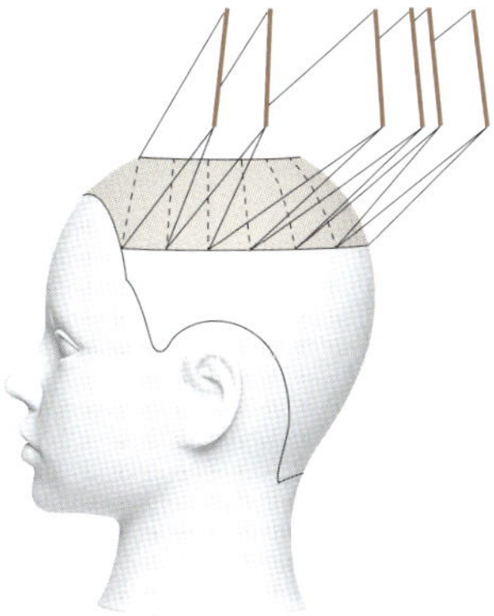

オーバーセクション

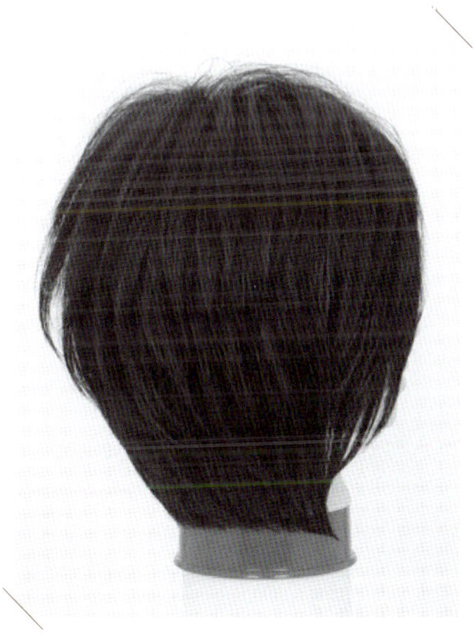

毛量調整・質感調整

1

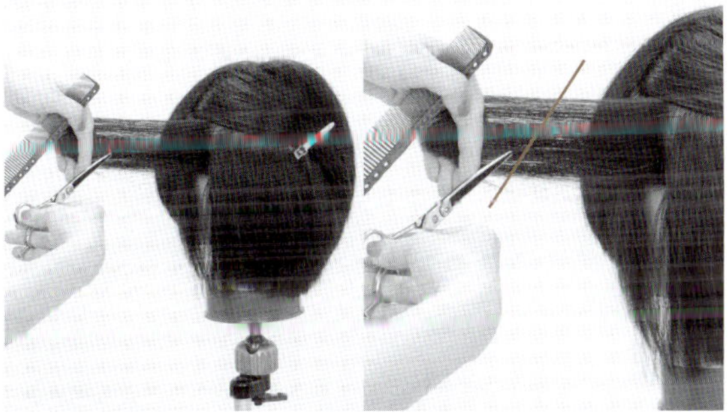

前頭骨ともみあげのゾーンをレイヤーのラインで削ぐ。フォルムを部分的に締めるのが目的。

2

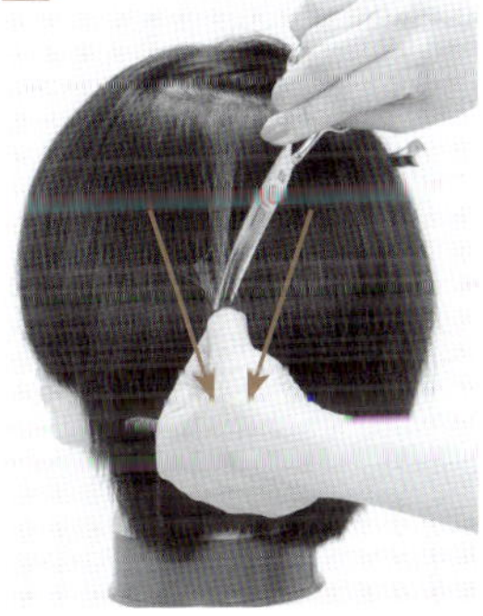

オーバーセクションから毛束をとりサイドセニング。毛束の左右を削ぐことで髪に動きが生まれる。

3

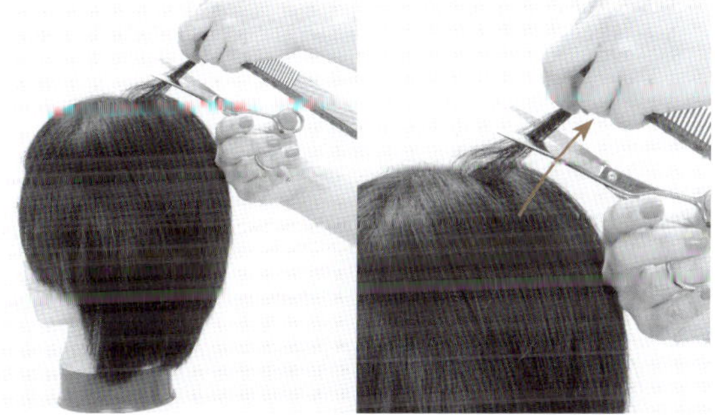

表面の毛束にアンダーセニングを入れる。毛束の裏面を削ぐことで髪が浮きやすくなり、軽い印象が出せる。

Category 2　ビターエレガント２

縦長シルエットでクール&シャープな印象に

アンダーを軽くして縦の距離を出したスタイル。
オーバーまでレイヤーにするとフォルムが縦長になり過ぎて女性らしさを失うので、ハイグラでほどよい重さを残している。

アンダーセクション

1

バックは水平、サイドは前上がりにアウトラインを切る。

2

フロントから縦に近いななめスライスをとり、前方70度にODして、スライスと平行にカットする。

3

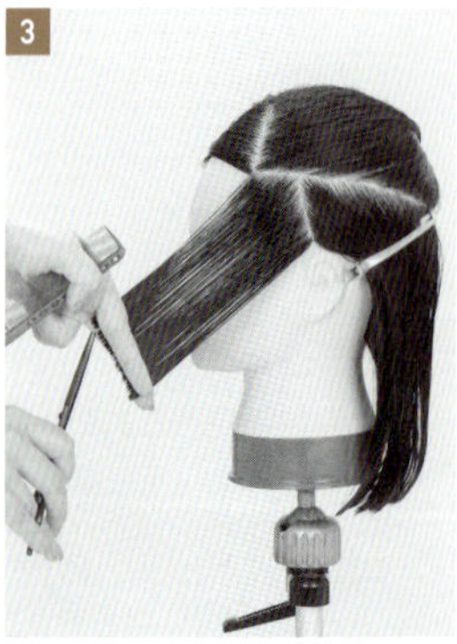

次のスライスはフロントと同じ位置までODしてカットする。

4

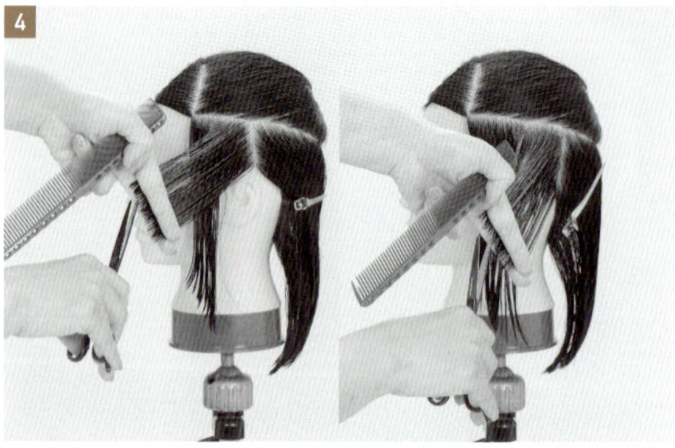

次のスライスからは前方へのODを小さくし、ひとつ前のスライスまでODしてカットする。リフトは70度のまま。

オーバーセクション

1

フロントから縦にスライスをとり、前方にODして、80度のリフトでカットする。

2

次のスライスはフロントと同じ位置で切る。

3

次のスライスからは前方へのODを小さくし、ひとつ前のスライスまでODしてカットする。リフトは80度のまま。

4

グラのラインを丸くしたいので、みつえりより後ろは前方へのODを少しずつ小さくしていく。

バング

1

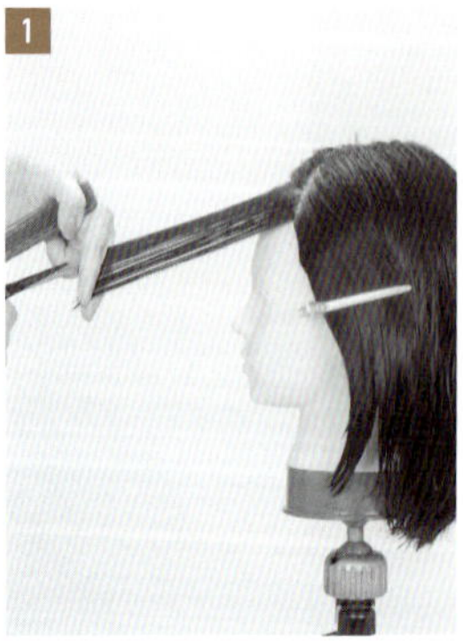

三角ベースをとり、2段に分ける。下段を左右に分け、80度のリフトでカット。少しセンターにODして切る。

2

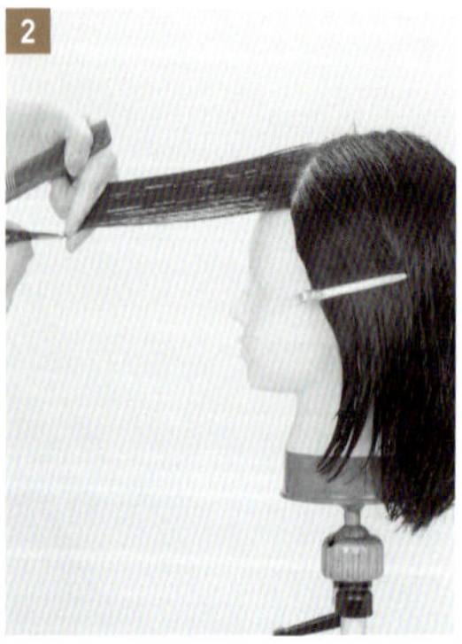

上は90度のリフトで切る。その後、バングとトップの間をチェックカットする。

毛量調整・質感調整

1

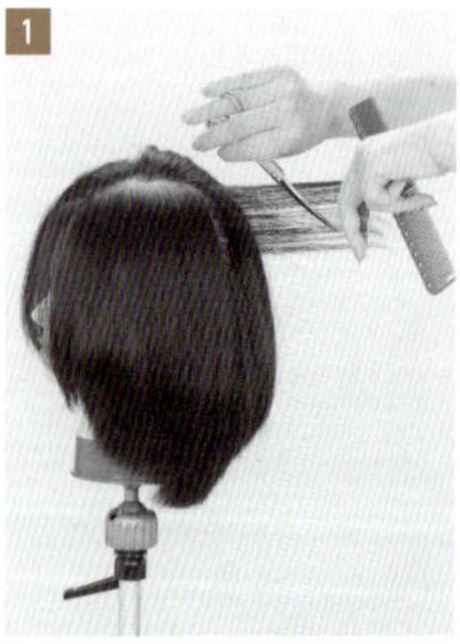

オーバーのバック中心にインナーレイヤーを入れる。

2

オーバーにアンダーセニングを入れる。

3

アウトラインにサイドセニングを入れる。前上がりラインを壊さないように注意。

軽いレイヤーの上に、ほどよい重さのハイグラを重ねる

アンダーもオーバーも前方に OD して切る。バックまで OD してしまうと重くなって縦長感が薄れてしまうので、みつえりより後ろは前にシェープしないで切っている。

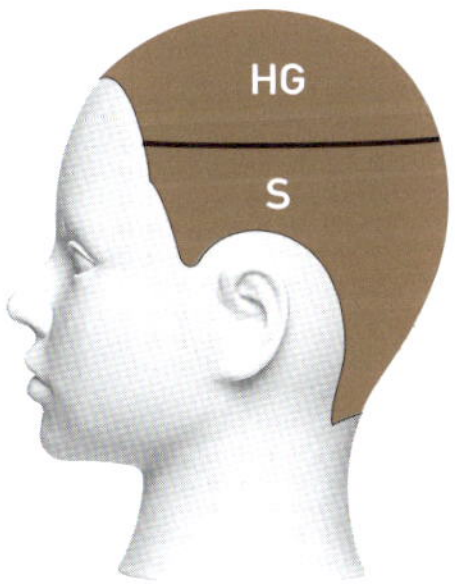

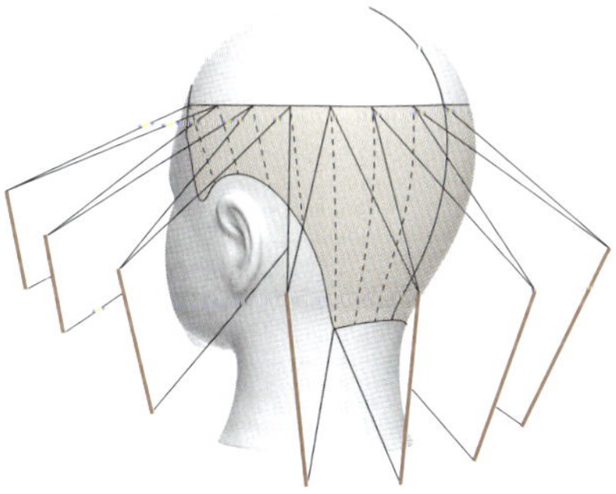

アンダーセクション

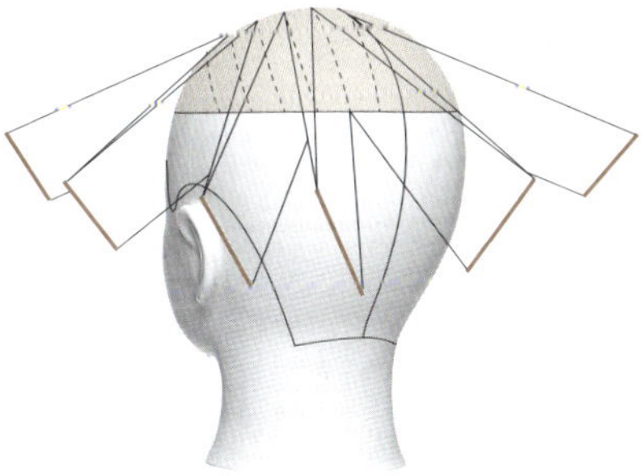

オーバーセクション

5

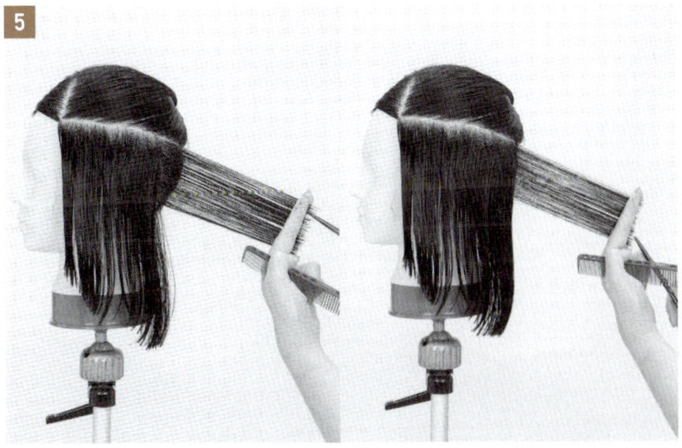

みつえりより後ろは前方に OD しないで、70 度のリフトで切る。

5

バックのセンターは OD はしないで切り終える。

チェックカット

頭頂部に放射状にスライスをとり、オンベースに引き出してコーナーをチェックする。

4

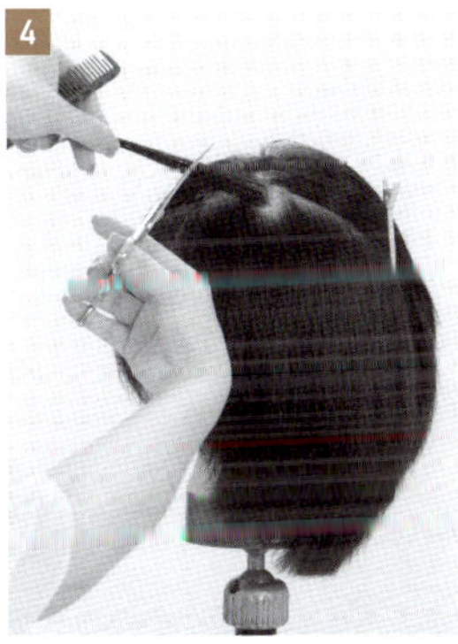

オーバーのサイドからフロントにかけてアンダーセニングを入れる。

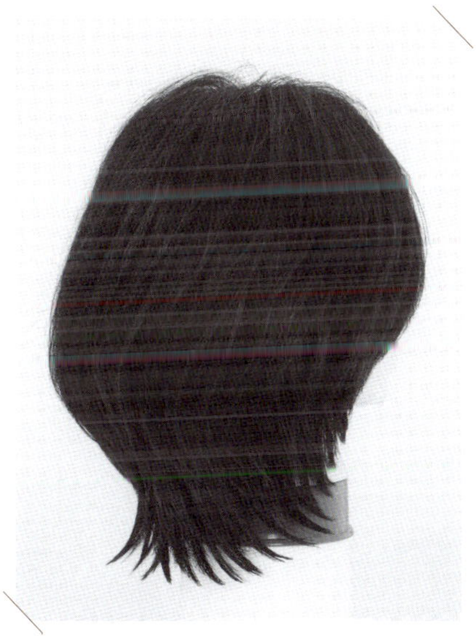

Section Cut Training according to Customer Category

Category 3

CATEGORY3 の顧客像

コア年代は20代後半。
代表的なテイストとして「アーバンエレガント」と
「ナチュラルフェミニン」がある。
どちらも女らしいテイストだが、
この年代になると抑制のきいた
女性性の打ち出し方が求められる。
ヘアスタイルは幼さや少女っぽさにつながる
重さを残すことはなくなり、
代わりに大人の女らしさをフォルムの曲線で表現することになる。

URBAN ELEGANT

アーバンエレガント

ファッションのイメージは明るめの色のワンピースやスカートで、シフォンやフリルなど女らしい甘い印象の要素が多い。CanCam、JJ、Ray などの購読者層。ヘアは長めのレングスが多いが、重さを残すと幼い印象になってしまうため大人向けに重さが調節される。

NATURAL FEMININE
ナチュラルフェミニン

ファッションはフリルやリボンの女性らしいトップスにスカート、パンプスといったイメージ。落ち着きのある上品な雰囲気を好む。雑誌で言うと with、more、steady などの購読者層。ヘアはアーバンエレガントと比べると女らしさは控えめで、レングスも短め。ソフトな印象の中に多少シャープ感が取り入れられることも多い。

3セクションで重さと軽さを組み合わせる

カテゴリ3のヘアには、洗練という要素が必須になってくる。
カテゴリ1や2では愛らしかったぽってりした重さは、洗練されたフォルムを目指すにはちょっと邪魔。
3セクションで切り分けると、必要なところだけ重さを残し、あとはすっきり軽くするのが容易になる。

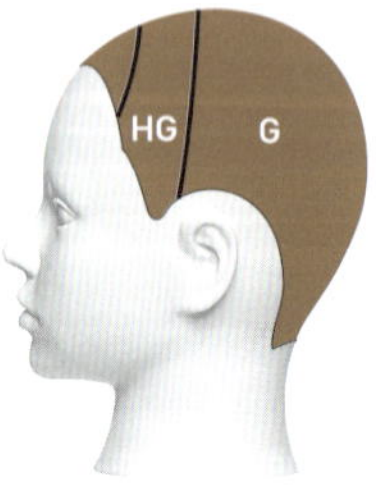

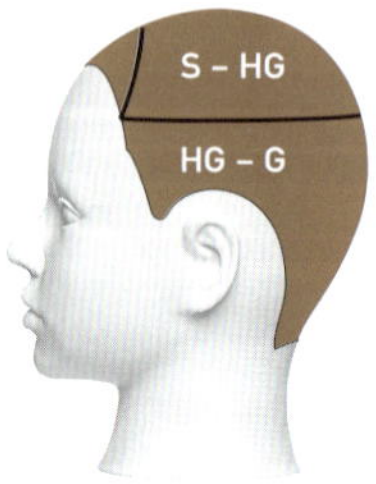

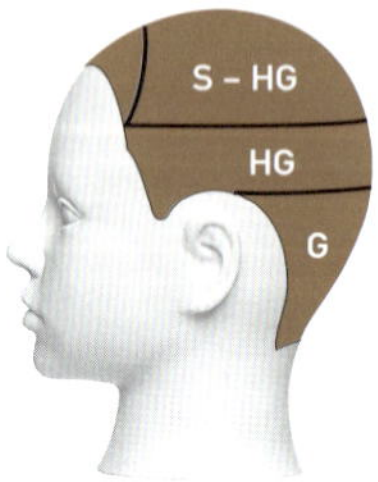

〈1 セクションのロング〉
表面の髪を軽くした以外は、ほとんどワンレングスで切ったロングヘア。髪は大きく横に広がり、厚みも感じる。

〈2 セクションのロング〉
アンダーはGだが上はHGにしている。厚みが減って軽さは感じるが、すそはやはり横に広がる。

〈3 セクションのロング〉
Gなのはネープだけで、その上はHGを2段重ねている。横から見た時の厚みがかなり減り、背中に広がる髪の幅は狭まっている。

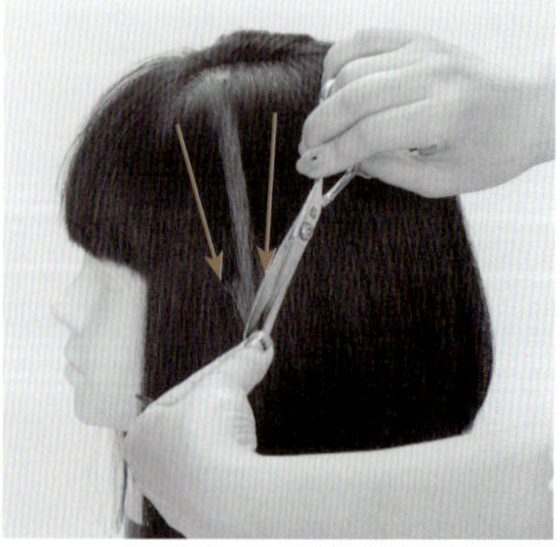

曲線的な形をさらに強調するように削ぐ

削ぎは毛束感を出すラインセニング、毛量を減らすインナーセニングを主に使う。曲線的なフォルムを意識してインナーレイヤーとグラを使い分ける。またこめかみの奥や耳後ろなど、重点的に毛量を減らしたい部分をポイントで削ぐ。

リフティングとラウンドカットで曲線を出す

曲線や丸みがデザイン要素として求められるこのカテゴリでは、より曲線的、立体的に切るカット技術が求められる。
幅広の段差をつけて丸みを出すために、リフティングの技術がポイントになる。ボブ系のスタイルでも、パネルを高めにリフトして切ることが多くなる。
さらに、スライス線をラウンドしてとったり、横スライスやななめスライスを、頭の丸みに添って放射状に引き出す「ラウンドカット」が多く使われる。
リフティングとラウンドカットを組み合わせることで、平面ではなく曲面の段差をつけることができ、より大人の女らしいフォルムに仕上がる。

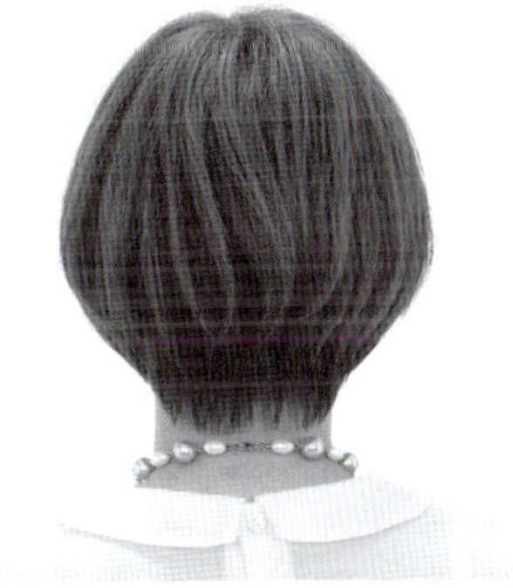

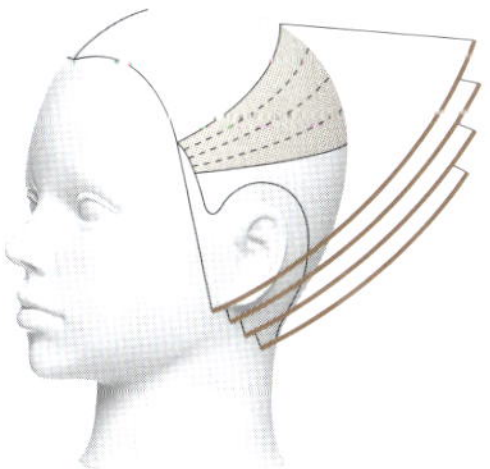

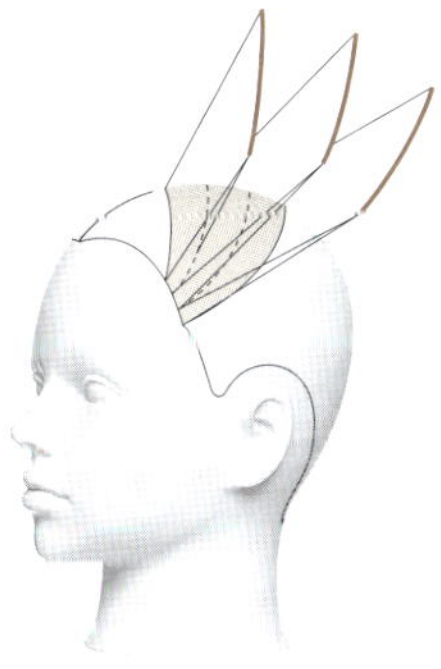

〈例 1〉
バックをリフトして切り幅広の段差をつけ、ウエイト位置を上げている。フロントはボブらしいコーナーは残っているが、その上に前上がりの段差がついているので優しい雰囲気になっている。

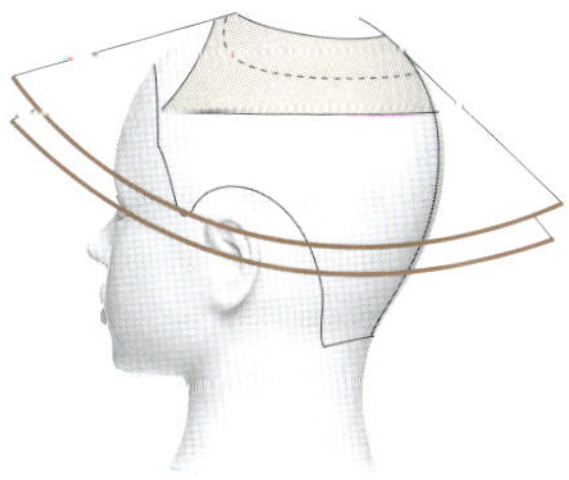

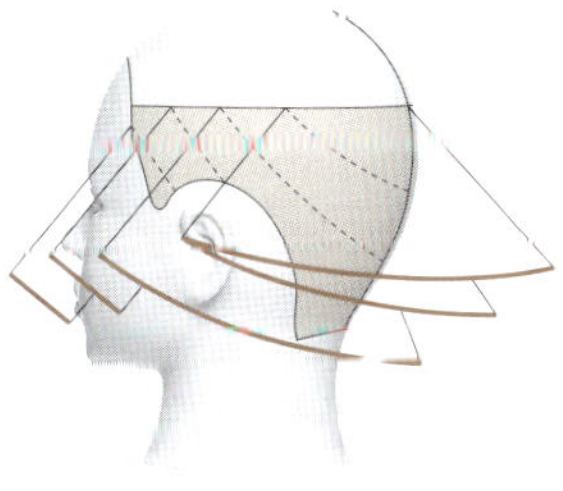

〈例 2〉
アンダーのバックと、オーバーセクション全体をリフティング＆ラウンドカットで切っている。低い位置に重さは残るが、カドを感じさせないまろやかな形ができる。

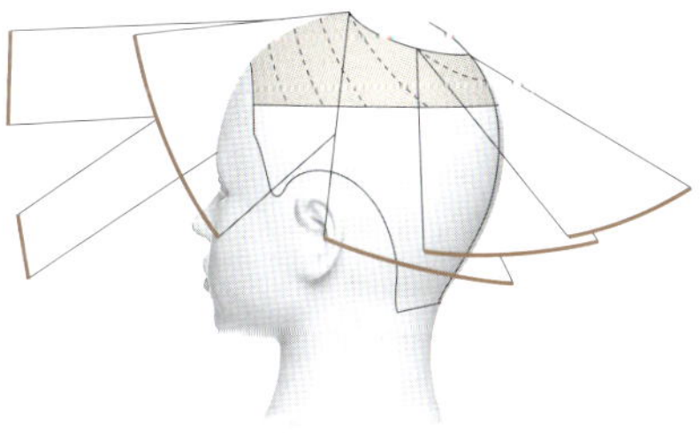

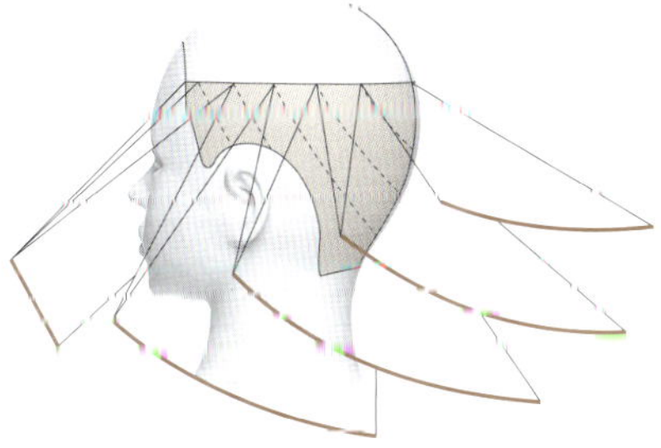

〈例 3〉
バックを中心にリフティング＆ラウンドカットしている。ロングなので目に見えるフォルムの大きな変化はないが、段差のつながり方がなめらかで、エレガントな印象になる。

なめらかな曲線でフェミニンに仕上げた、前下がりボブ

ボブのアウトラインははっきり出ているが、その上に重なる髪には幅広い段差がついている。
前下がりボブなのにシャープな印象にならず、適度にエレガントでフェミニンな印象のスタイル。

アンダーセクション

1

上下セクションに分ける。アンダーのバックセンターからななめスライスをとり、ダウンシェープして水平にカット。

2

第2、第3スライスとダウンシェープでカットする。

3
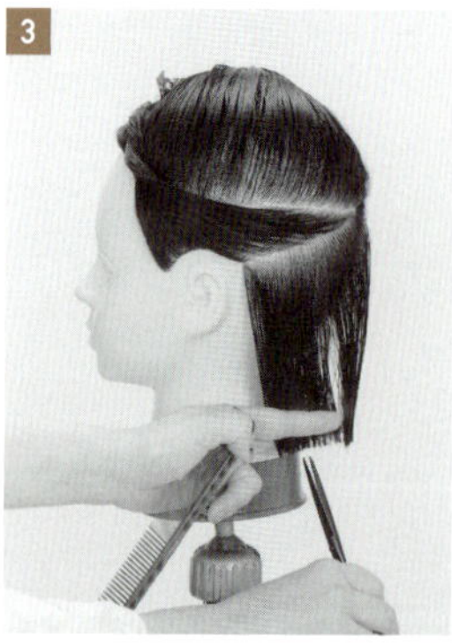
耳後ろは長さを残したいので、少々バックにODして切る。

4

耳上はえぐれたヘムラインの影響を受けやすいので、3よりさらに大きく後方にODして切る。

5

もみあげの部分はODをかけると段差がついてしまうので、ダウンシェープしてななめのラインを切る。

オーバーセクション

1

横スライスをとり、バックを45度リフトして切る。

2

バックからサイドまで切り進むが、サイドからは少しずつリフトを下げ、フロントは30度で切る。

3

次のスライスは1よりリフトアップして、75度のリフトでカットする。

4

サイドに向かって少しずつリフトダウンしていき、耳付近は60度くらいで切る。

5

同じスライスのフロント部分は45度のリフトで切り終える。

フロントセクション

1
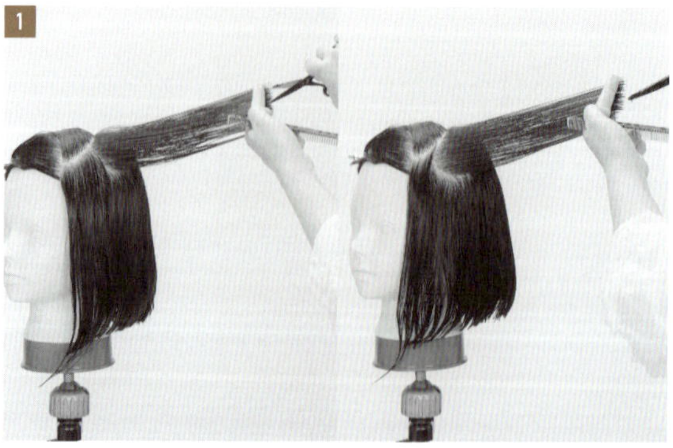
フロントから頭頂部にかけてはさらに急な前下がりスライスをとる。バック際からフロントへ、100度のリフトで切る。

2

ななめ前方に向かって少しずつリフトアップしていく。最後のスライスは、ほぼオンベースでカット。

バング

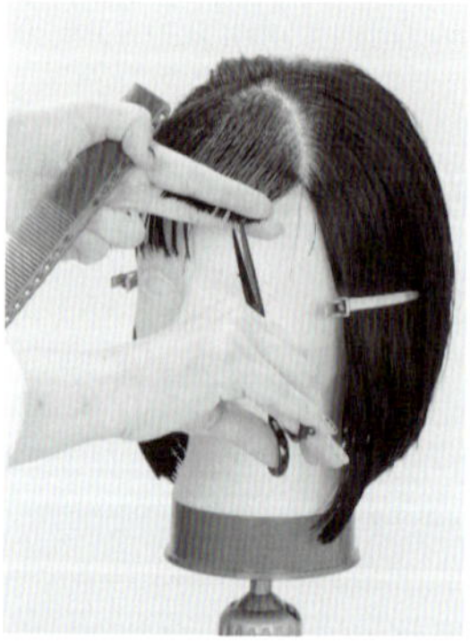
三角ベースをとり、上下に分けてカット。下は15度（指1本の高さ）で、上は30度リフトして切る。

毛量調整・質感調整

1

アンダーの耳後ろの重さをとる。パネルを引き出し、グラのラインでセニングを入れる。

上のセクションをラウンドで切って なめらかな段差をつける

グラで切ったアンダーに、リフトして切ったハイグラを重ね、さらに顔まわりにはレイヤーの段差を重ねる。なめらかな曲線のフォルムを作るために、パネルのリフトは少しずつ変化させてつないでいく。

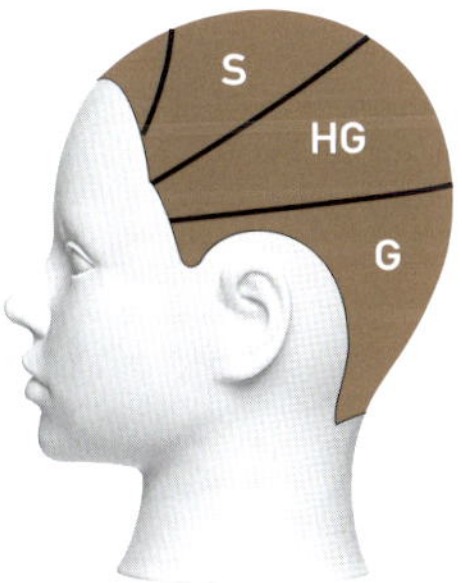

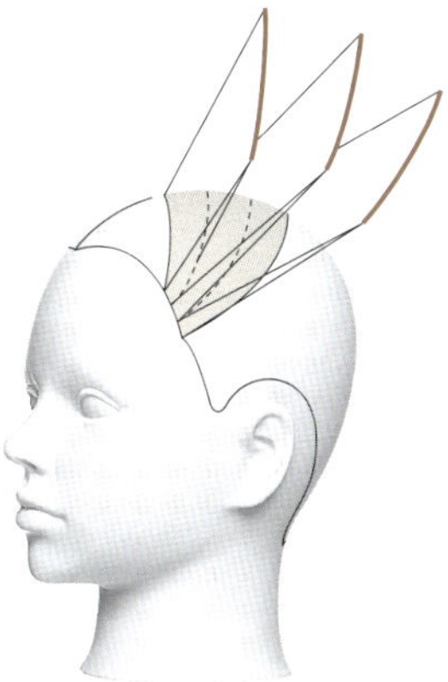

フロントセクション

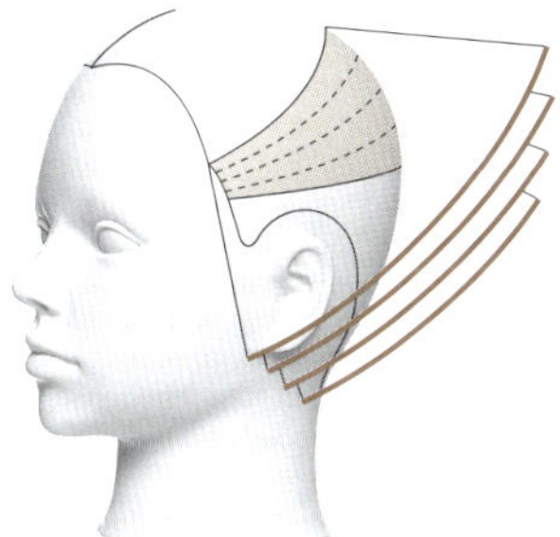

オーバーセクション

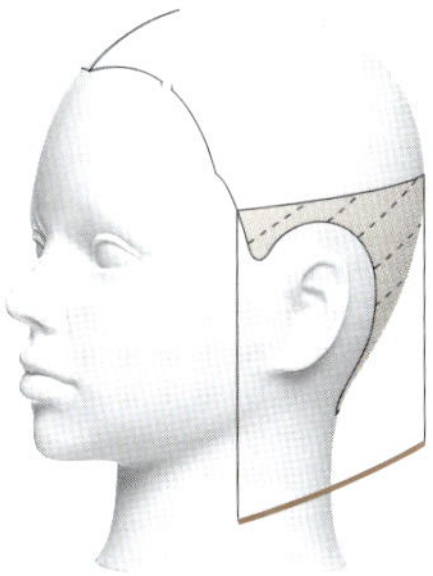

アンダーセクション

6

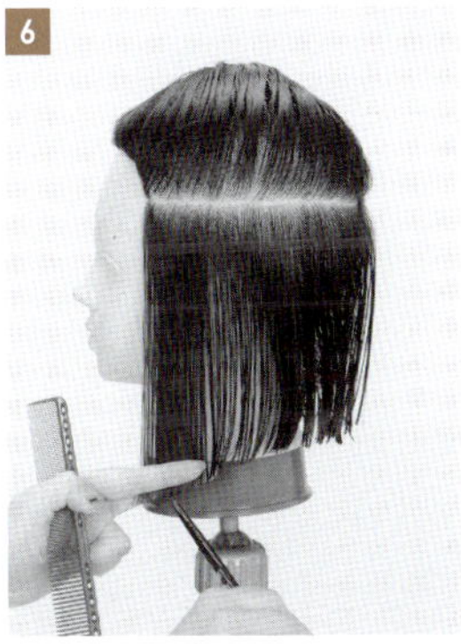

アンダーセクション最後のスライス。下のスライスを切ったのと同じ位置で切る。

6

次のスライスはさらにリフトアップして、バックを90度のリフトで切り始め、少しずつリフトダウンしてフロントを60度で切り終える。

2

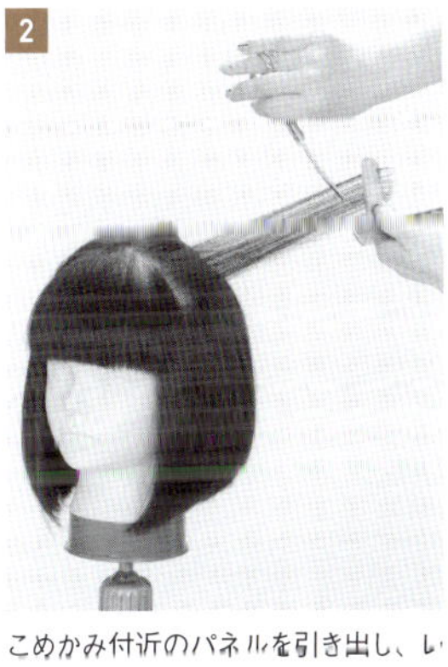

こめかみ付近のパネルを引き出し、レイヤーのラインでセニングを入れる。フロントにフラット感が出る。

3

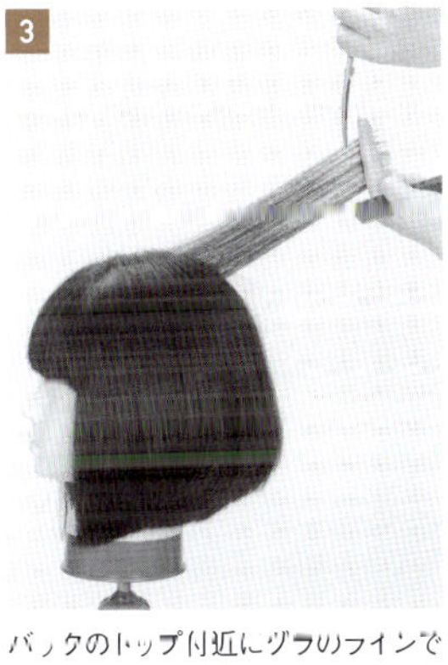

バックのトップ付近にグラのラインでインナーセニングを入れ、シルエットを柔らかくする。

4

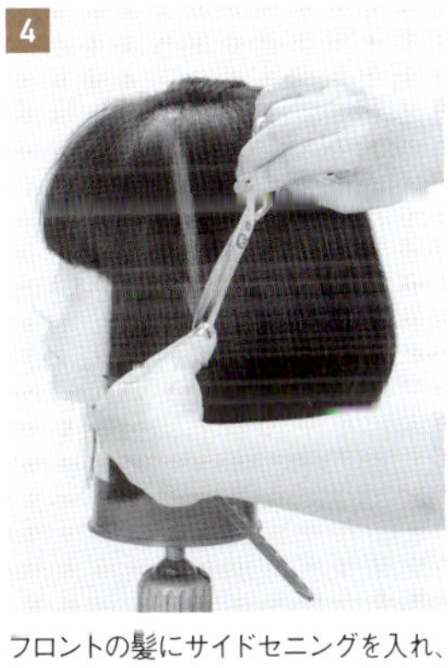

フロントの髪にサイドセニングを入れ、動きやすくする。

Category

3 NATURAL FEMININE 2

曲線で構成したまろやかなフェミニンボブ

シャープになりがちなボブになめらかな段差をつけることにより、フェミニンな印象にしている。
曲線の女らしさを最大限に生かしたデザイン。

アンダーセクション

1

2 セクションラインで上下を分ける。もみあげ上から横に近いななめスライスをとり、少し前方に OD し、30 度のリフトでカット。

2

こめかみから耳後ろにななめスライスをとり、少し前方にODする。フロント側は 45 度、、バック側は 30 度のリフトでカットする。

3

次は耳上からバックまで達するスライスをとる。フロント際は 45 度、バック際は 30 度のリフトになるよう、少しずつ下げる。みつえりのポイントまではスライスの両端でリフトを変えて切り、段差を調整する。

オーバーセクション

1

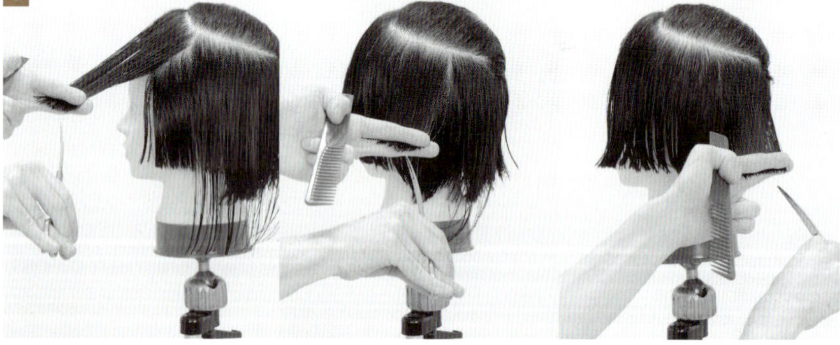

セクションをラウンドするラインで上下 2 段に分ける。放射状にパネルを引き出してフロントからバックまで切る。引き出す際、フロントはやや前下がりにしたいので後方に OD し、もみあげより後ろはすべて前方に OD して切る。下段はフロント側を 75 度のリフト、バックは少し下げて 60 度のリフトでカットする。

2

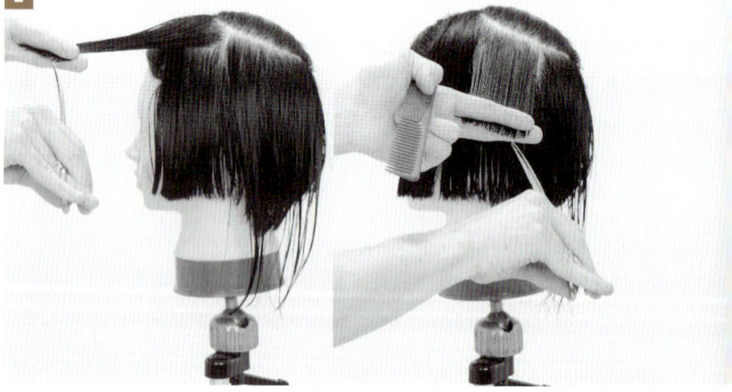

上段も頭の丸みを意識して放射状にパネルを引き出して切る。フロント側 90 度、バック側 75 度で切る。

トップセクション

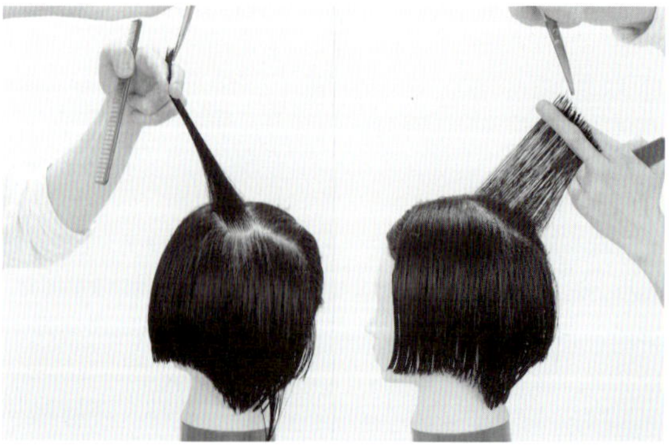

トップを 2 段に分けて切る。それぞれオンベースに引き上げてレイヤーカット。

バング

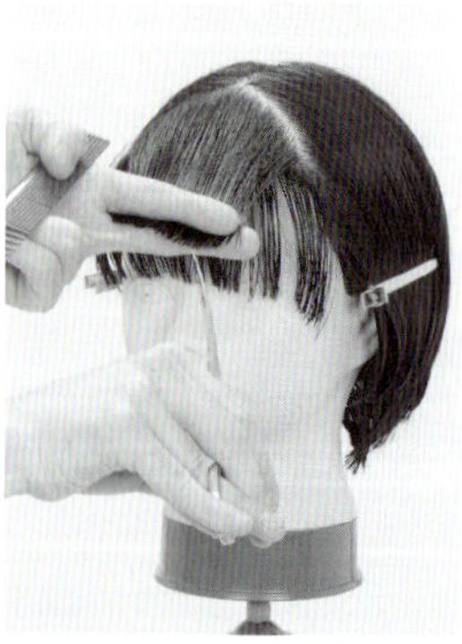

三角ベースをとり、下段は 15 度（指 1 本の高さ）、上段は 30 度のリフトで切る。

毛量調整・質感調整

1

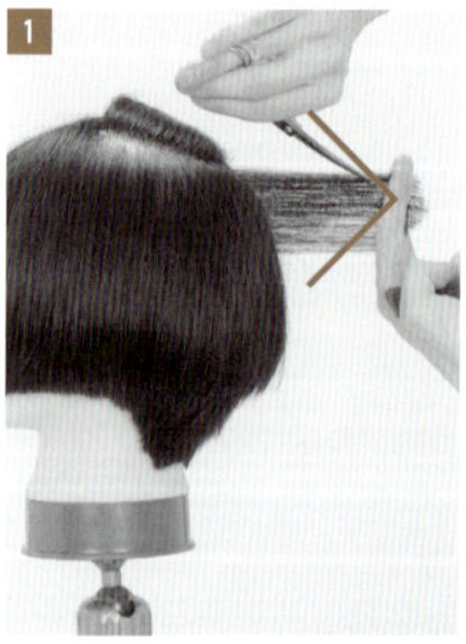

ミドルセクションから縦にスライスを引き出し、レイヤーとグラを組み合わせたインナーセニングを入れる。

2

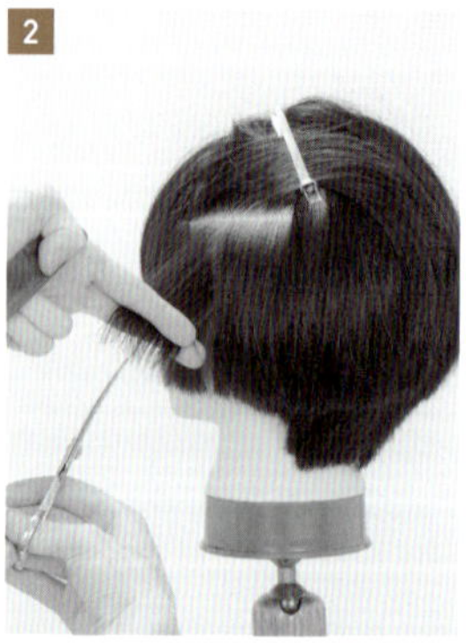

耳上からななめにスライスをとり、毛先にポインティングを入れる。アウトラインをやわらげる。

ラウンドに切り進むカットで なめらかな丸みを作る

軽いフロントから切り始め、重いバックへと移行させていく。パネルをラウンドに引き出すのと、少しずつリフトを変えていく技術を身につけよう。

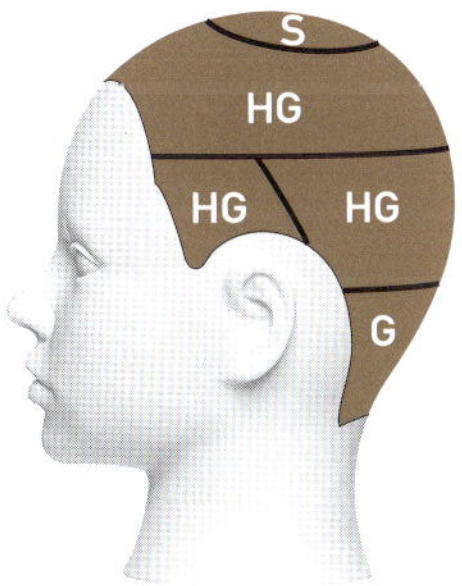

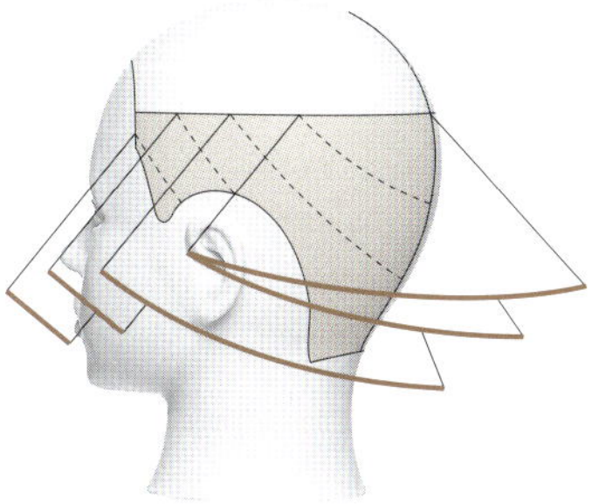

アンダーセクション

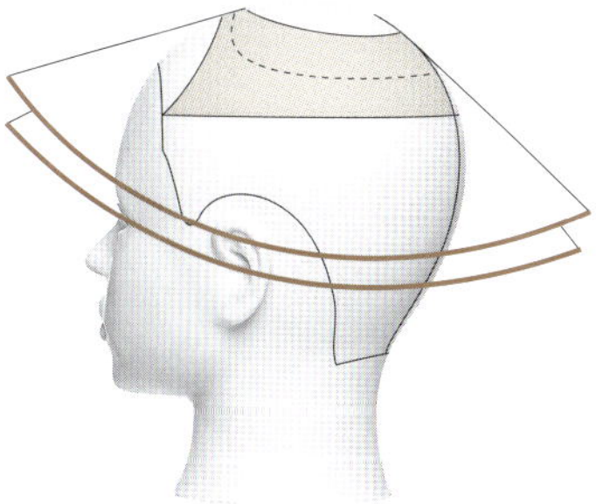

オーバーセクション

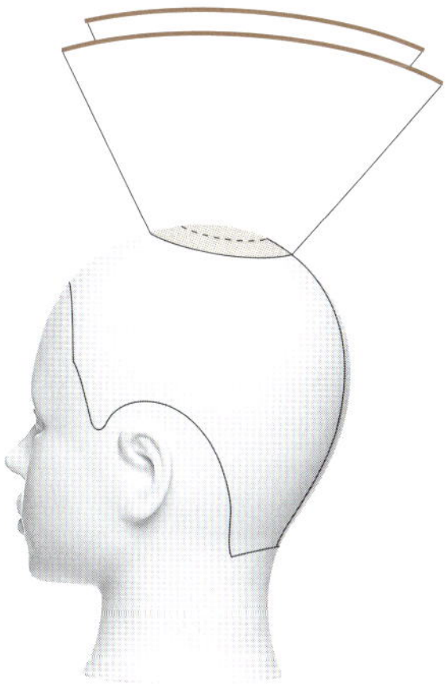

トップセクション

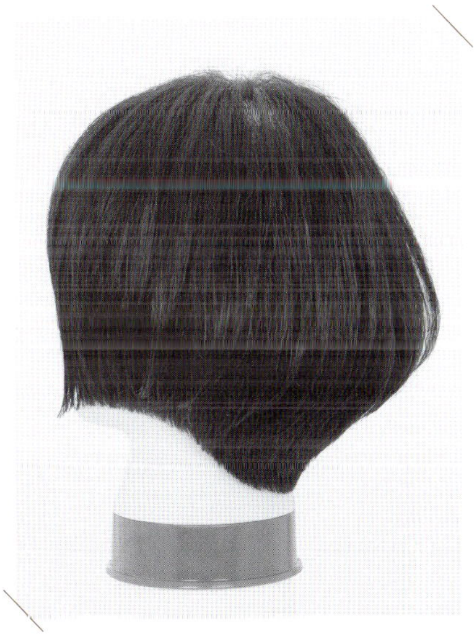

4

セクションの最後に近づくと、後頭部の面が横に向いてくる。ここからはスライスの両端でリフトを変えずに切る。上に進むにつれてリフトアップしていき、最後は60度のリフトで切る。

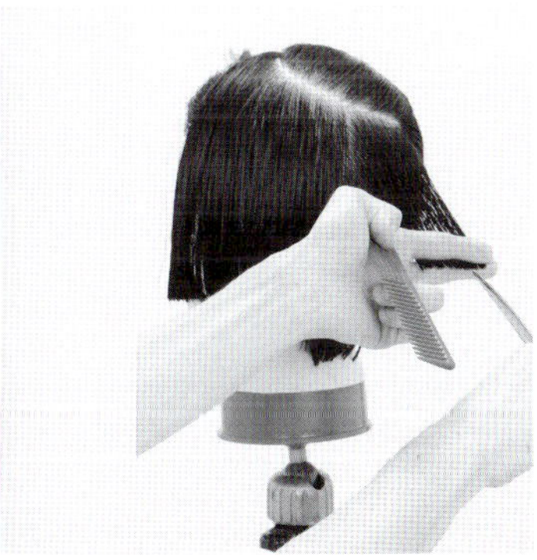

3

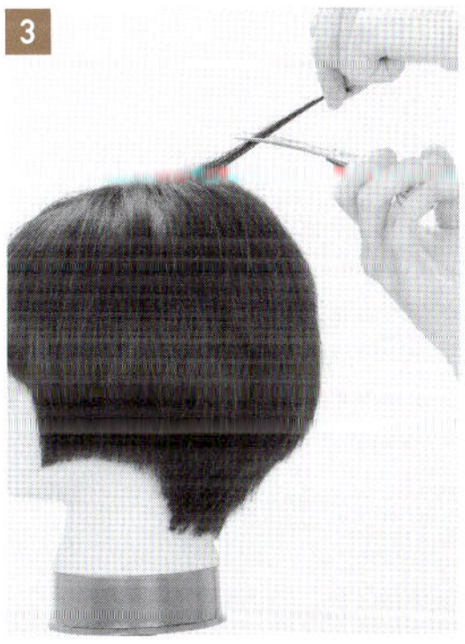

トップから引き出したパネルの下側だけスライシングで削ぐ。浮き感が出る。

中途半端な長さのボブを女らしく仕上げる

ボブにレイヤーを組み合わせて軽くしたデザイン。
顔まわりまで軽くしてしまうとボブっぽさが薄れて今風でなくなるので、レイヤーはオーバーセクションの後方に入れている。

アンダーセクション

1

2セクションラインで分け、アンダーのアウトラインを粗切りしておく。フロントから縦に近いななめスライスをとり、前方30度にODしてカット。

2

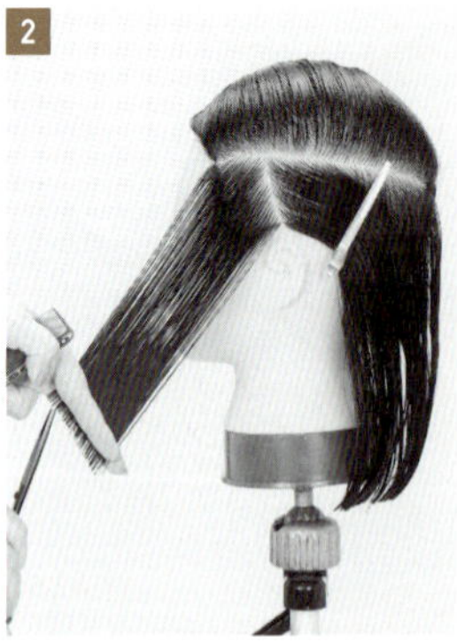

2つめのスライスは耳上でラインに穴が空きやすいため、1つめと同じ位置でカットし長さを残す。

3

耳後ろのスライスはアウトラインを切らないように、大きく前にODして切る。

4

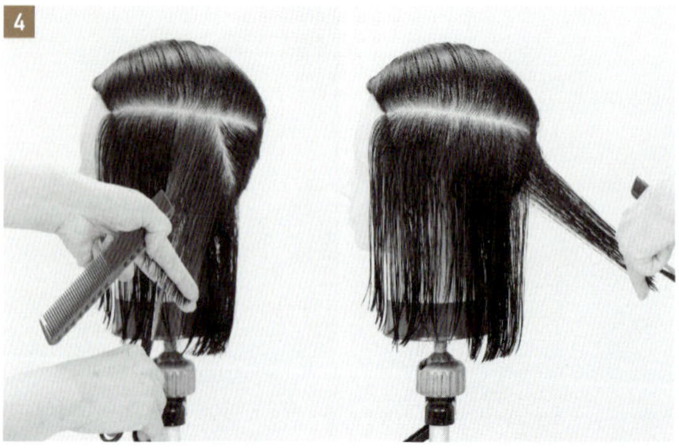

バックのスライスはODを小さくし、オンベースよりやや前に引いてカットする。

オーバーセクション

1

フロントからななめスライスをとり、前方60度にODしてななめのラインで切る。

2

2つめのスライスは1と同じ位置まで引いてカット。

3

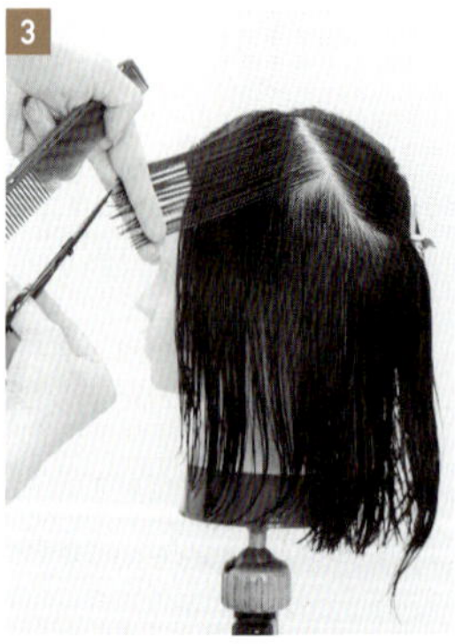

耳後ろまで切り進んだら、前方へのODを小さくし、75度のリフトで切る。

4

バックはさらにリフトアップして90度にし、やや前方にODして切る。バックセンターに近づくにつれて、スライスを縦に近づけて切る。

トップセクション

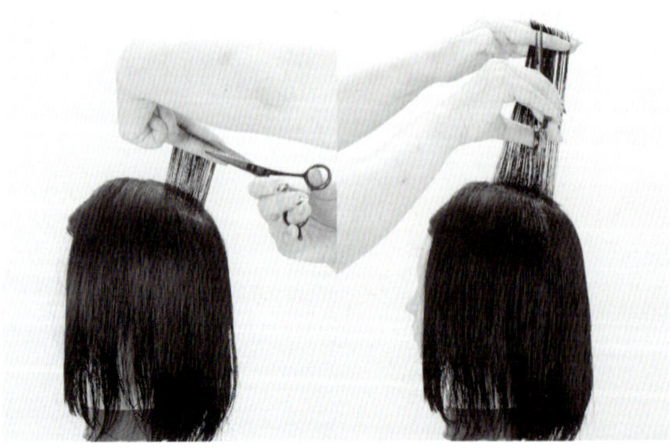

輪切り状に2段に分け、すべてオンベースでカット。バックのセンターだけはやや前方に引いてカットし、長めにする。

バング

三角ベースをとり、2段に分ける。下は15度、上は30度のリフトで切る。バングのセンターの方をややリフトアップして切る。

毛量調整・質感調整

1

オーバーセクションのこめかみ部分から縦にスライスを取り出し、インナーレイヤーで削ぐ。

2

アンダーセクションのもみあげ上からスライスを引き出し、インナーグラで削ぐ。

オーバーセクションを
ハイグラからレイヤーへ移行させて切る

顔まわりはあまり軽くしたくないので、オーバーのフロントは低めに引き出して切り始める。
軽くしたいバックに近づいたら、パネルを縦にしてリフトアップし、レイヤーにカットしていく。

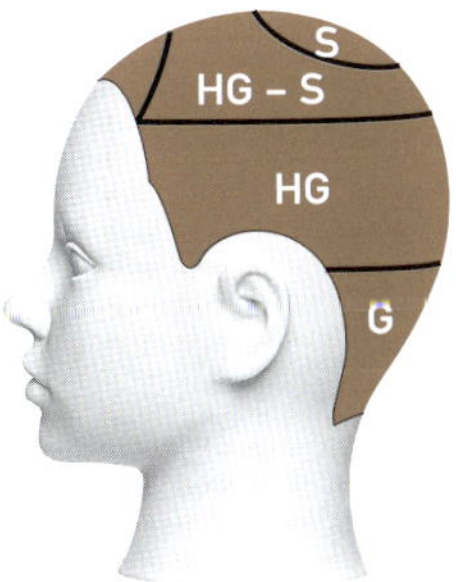

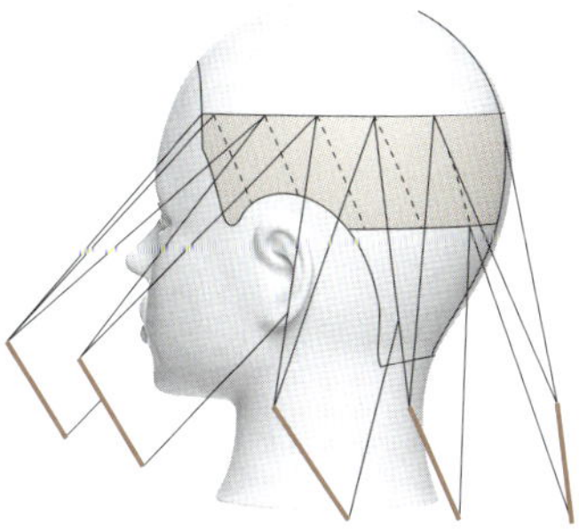
アンダーセクション

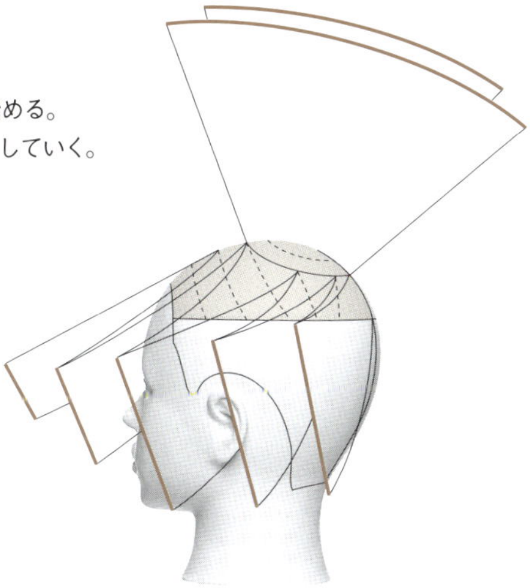
オーバーセクション＆トップセクション

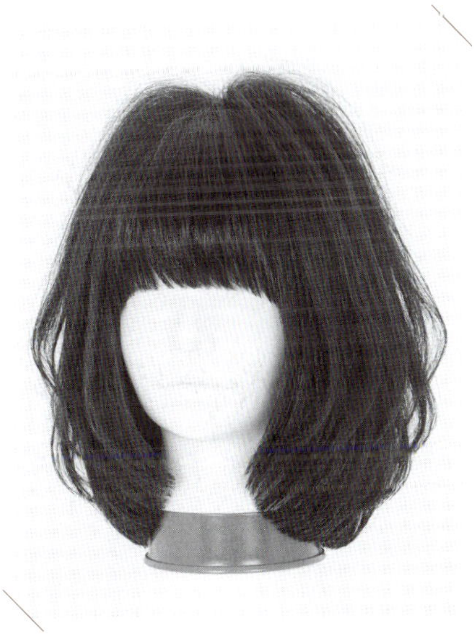

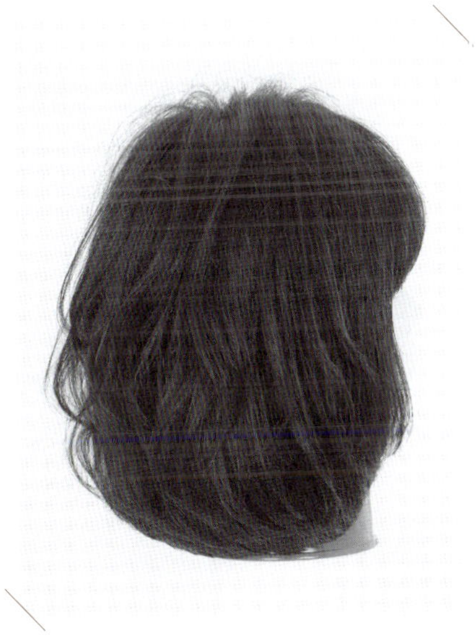

3

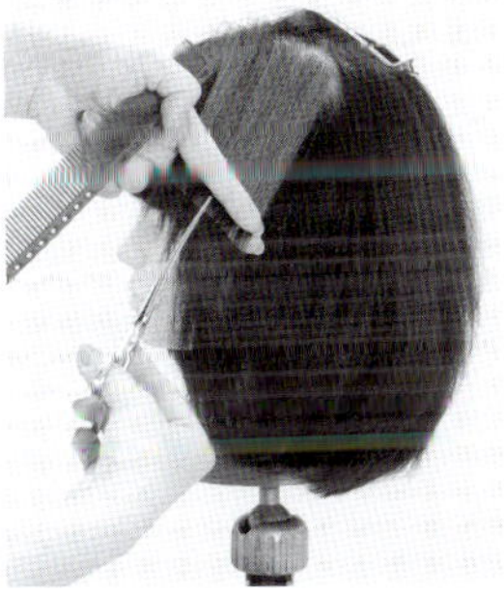
オーバーからななめスライスで引き出し、毛先にポインティングで削ぎを入れて質感を作る。

4

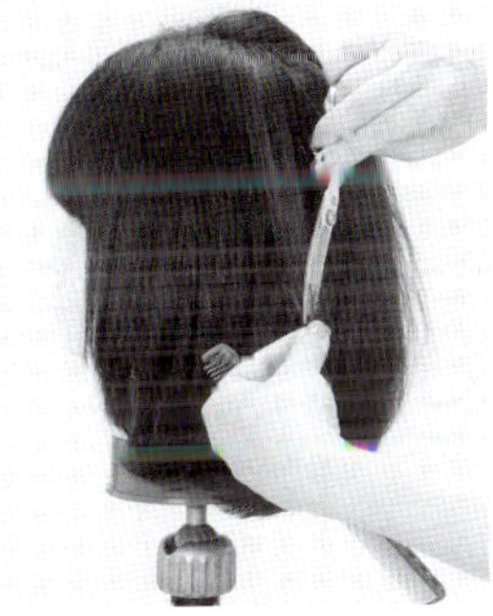
トップセクションの下にサイドセニングを入れる。

5

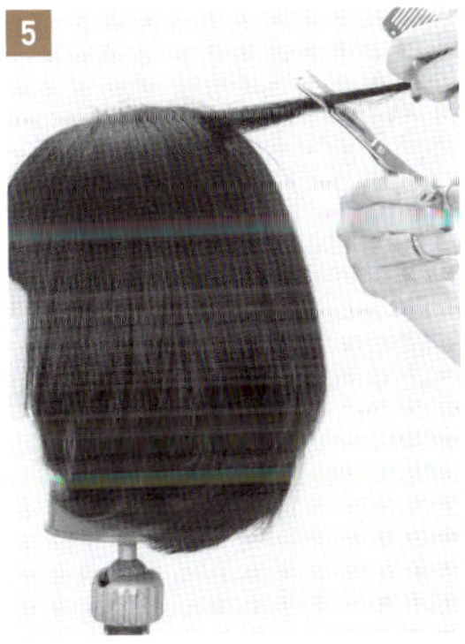
トップセクションにアンダーセニングを入れる。

フォルムを全体を調整して重いロングヘアを洗練させる

カテゴリ２のロングは顔まわりを中心に軽さを出したが、こちらは段差をつけてスタイル全体のフォルムを調整している。
バックの髪が左右に広がるロングは大人世代には幼くだらしなく見えがちだが、フォルムを調整すると長くてもきちんとした印象が出せる。

アンダーセクション

1

２セクションラインで上下を分け、アンダーのフロントからカット。縦に近いななめスライスをとり、前方 30 度にODしてななめのラインでカット。

2

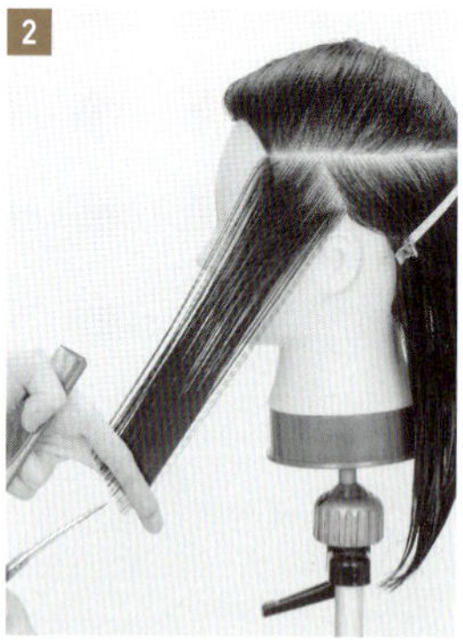

次もななめスライスをとる。ここは長さを残すために1と同じ位置まで OD して切る。

3

耳後ろまで進んだら、少しずつ前方への OD を小さくしていく。

4

同じスライスのバックのセンター付近は、ダウンシェープで切り終える。

5

次のスライスもサイド寄りは少し前方へシェープして切るが、バックのセンターはダウンシェープで切る。

オーバーセクション

1

フロントからななめにスライスをとって、前方 75 度にODしてカット。

2

次のスライスは床と平行、前方 90 度に OD してカット。

3

耳上は前方へのODを小さくする。リフトは 90 度で、パネルをななめから縦に近づけて切る。

4

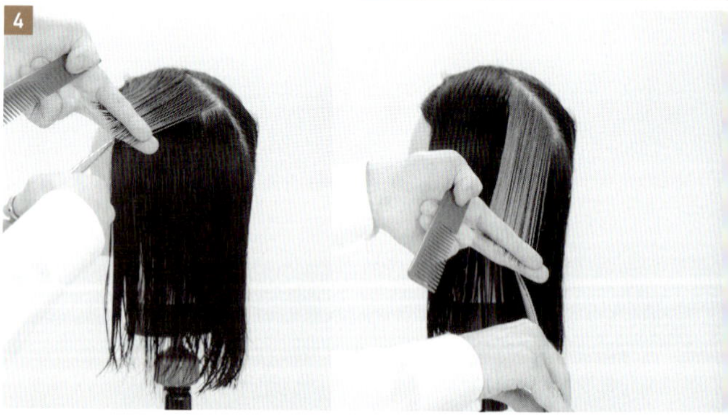

耳後ろからバックにかけてはななめスライスをとり、頭の丸みを意識して放射状に開くシェープで切る。サイド近くは前方に OD して 90 度くらいのリフトで切り、徐々にリフトダウンしていき、バックは 60 度くらいで切り終える。

トップセクション

1

ペタッとするのを防ぐため、トップに一周レイヤーを入れる。フロントは 100 度くらいのリフトでカット。

2

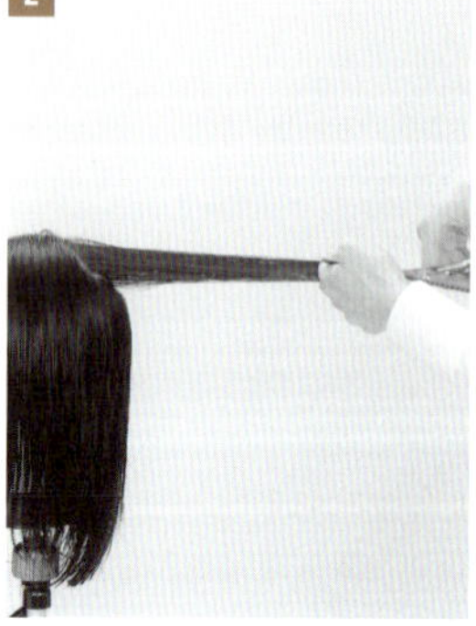

少しずつリフトを下げ、バックは床と平行の 90 度でカット。

バング

三角ベースを２段に分け、下を 15 度、上を 45 度のリフトでカット。

毛量調整・質感調整

1

オーバーセクションのこめかみ部分にセニングを入れる。毛束を引き出し、インナーレイヤーを入れる。フォルムのふくらみが抑えられる。

2

バックのアンダーセクションから毛束をとり、インナーレイヤーを入れる。1同様、フォルムのふくらみを抑える効果がある。

6

みつえりから後ろは、リフトして切ってグラをつける。このスライスは45度のリフトでカット。

7

最後の部分、バックセンターは60度のリフトでカットし段差をつける。逆側も同様に切る。

5

オーバーセクション後方の最後の部分は、75度にリフトアップして切る。

3

オーバーセクションの毛束をとり、サイドセニングを入れる。毛束の両側が削がれることによって動きが表現される。

上を軽く下を重く。
セクション内では前を軽く、後ろを重く。

3セクションに分け、上ほど軽さが出るよう切り分けているる。ひとつのセクション内では、フロント近くほど軽さが出るよう、前後で切り方を移行させる。

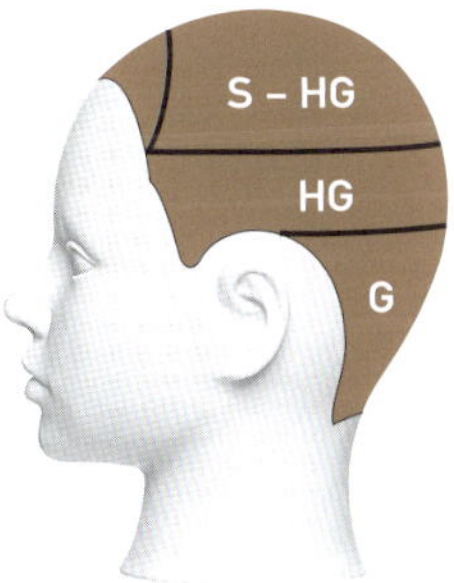

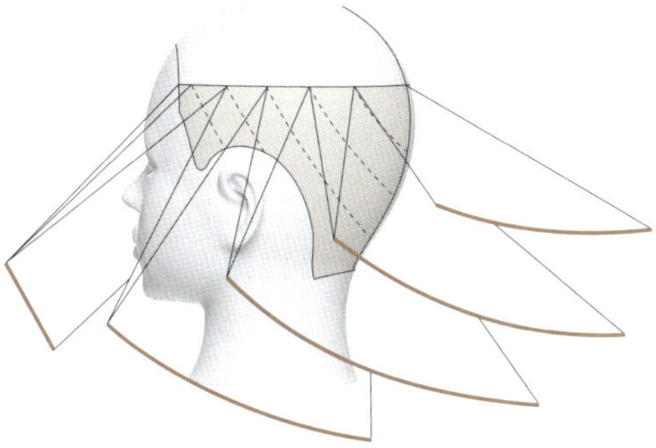

アンダーセクション

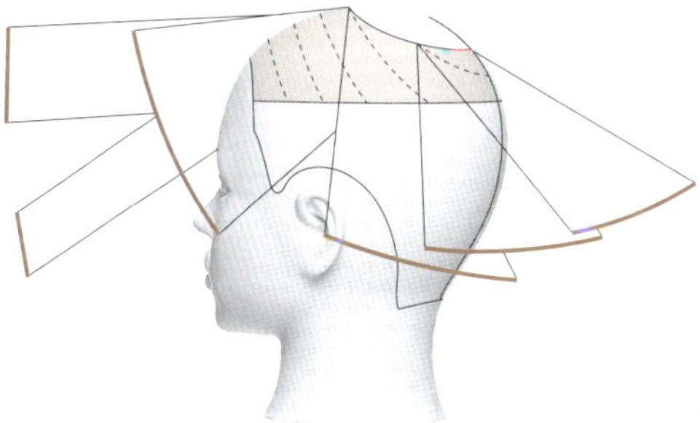

オーバーセクション

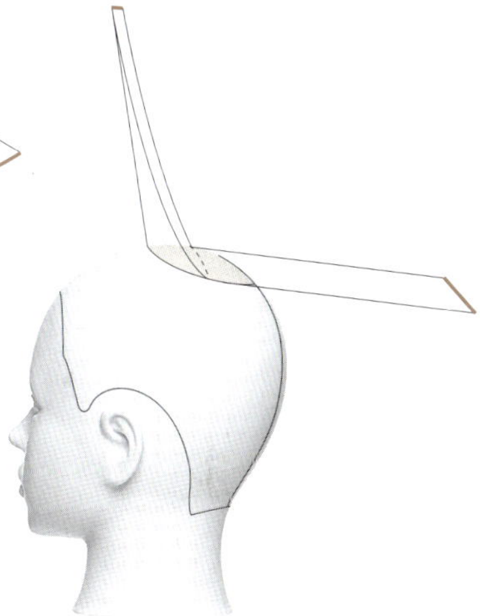

トップセクション

3つの段差で量感はあってもふんわりしたロングに

バックはぺったりしないように、上ほど軽さを出して3つの段差を積み重ねている。
フロントはあごから下に重さがあると顔立ちに合わないので、あご下に軽さが出るようにカットしている。

アンダーセクション

1

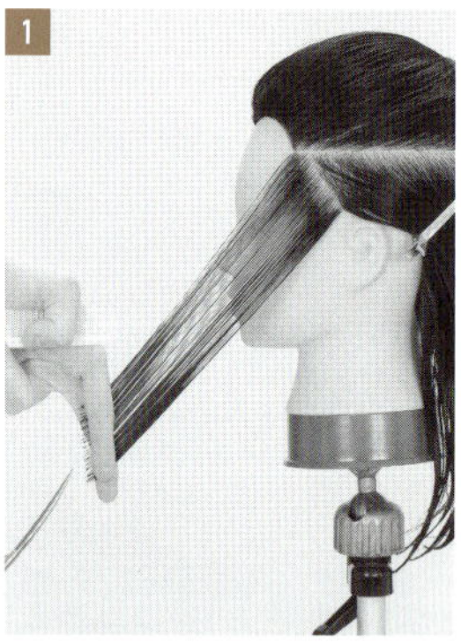

2セクションラインで上下に分ける。アンダーのフロントから、縦に近いななめスライスをとり、前方45度にODしてななめのラインでカット。

2

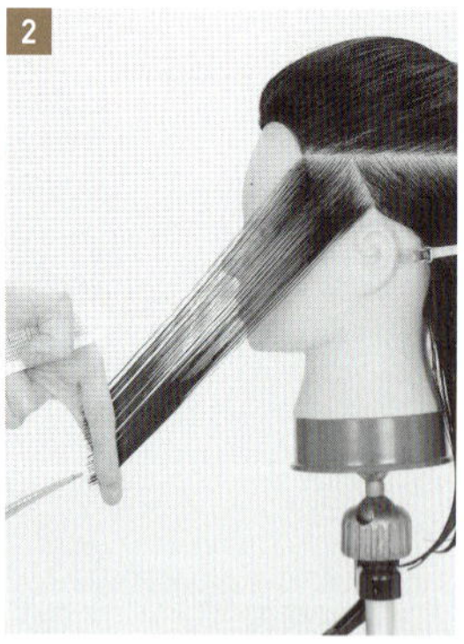

次のスライスは耳上でラインに穴が空きやすいため、少し長めに切る。1と同じ位置まで引いて切り、長さを残す。

3

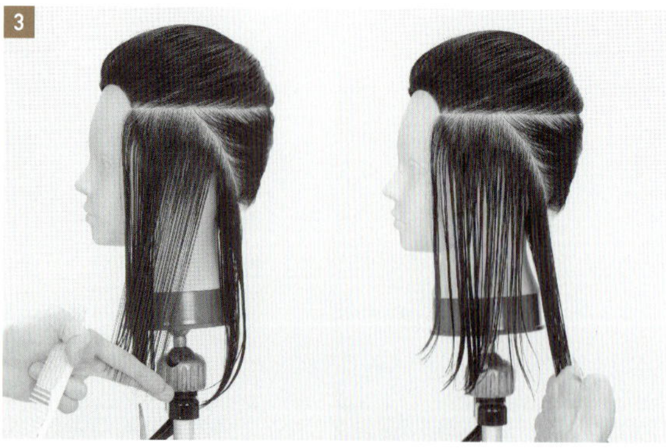

耳上からはスライスをバックまでとる。サイド側は前方30度にODして切り、バックに向けて少しずつ変化させ、最後はODしないで15度のリフトで切る。

4

次のスライス以降も、サイド側はやや前方に、バック側はダウンシェープで切るのを繰り返して切り進む。

オーバーセクション

1

ななめスライスをとり、前方75度にODして、スライスと平行なラインで切る。

2

次のスライスは1と同じ位置まで引いて切って長さを残す。

3

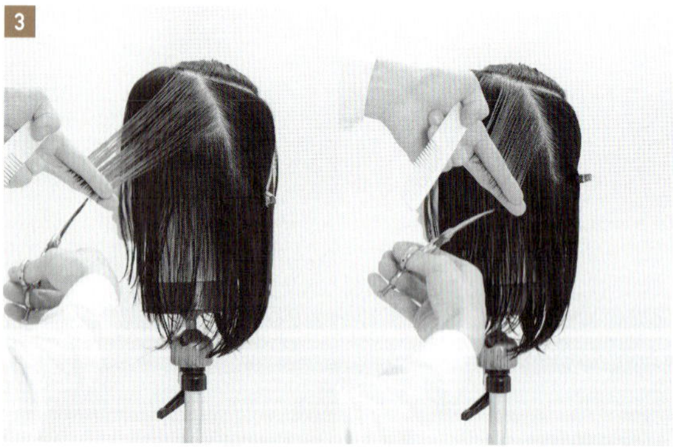

耳上からは前方へのODを小さくする。少しずつスライスを縦にしていき、リフトアップしていく。

4

みつえりの上を切っているところ。スライスは縦になり、90度近くまでリフトアップしている。

トップセクション

1

ななめスライスをとり、フロント側を前方90度にODして切る。

2

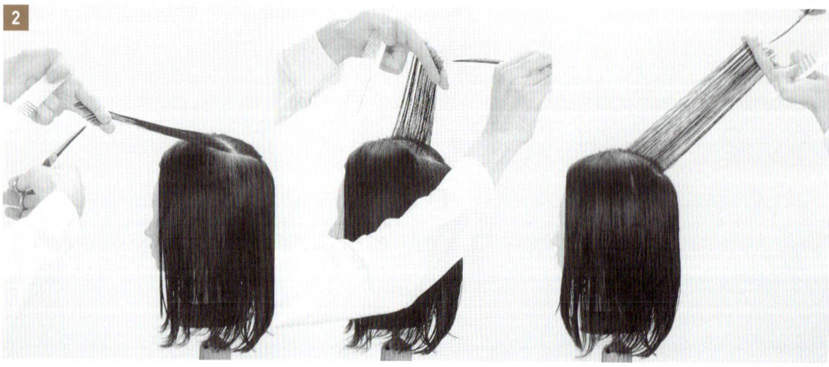

少しずつパネルをリフトしていき、最後は縦スライスをオンベースで引き出してカットする。

毛量調整・質感調整

1

前頭骨のあたりから縦にスライスをとり、インナーレイヤーで削ぐ。この部分にたまる毛量を落とす。

バックは3つの段差を積み重ねていく

後頭部がつぶれないように、下からグラ、ハイグラ、セイムレイヤーを切り分けている。フロントも同じ重軽の構成にしてしまうと顔の輪郭に合わないので、アンダーだけセイムレイヤーで切って軽くしている。

5

最後のスライス。フロントのセイムレイヤーに近い段差がバックではグラデーションに変化していく。

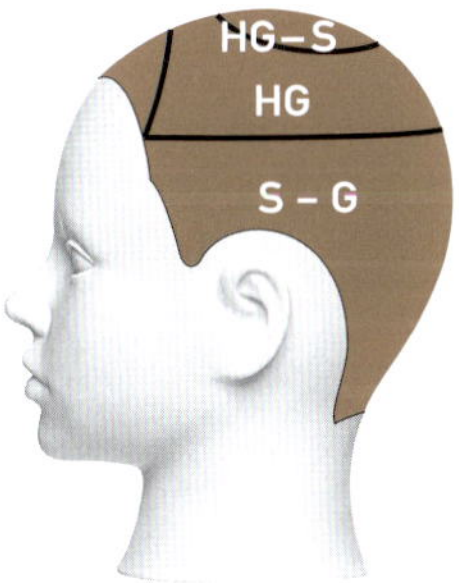

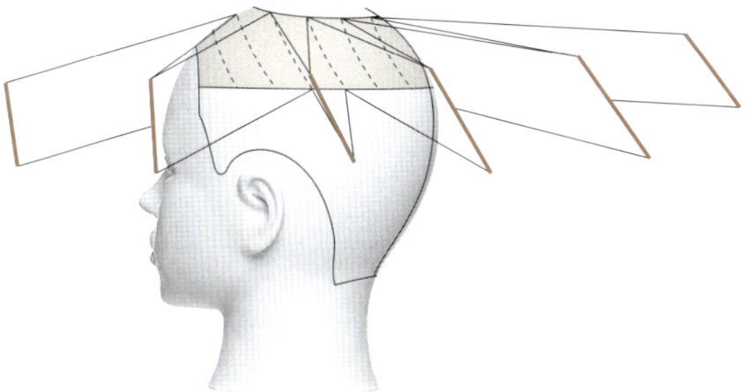

オーバーセクション

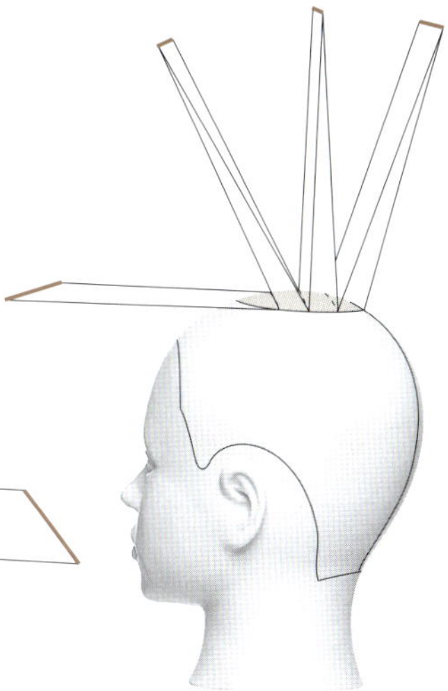

トップセクション

5

最後のバックセンターは床と平行な90度に引き出して切り終える。

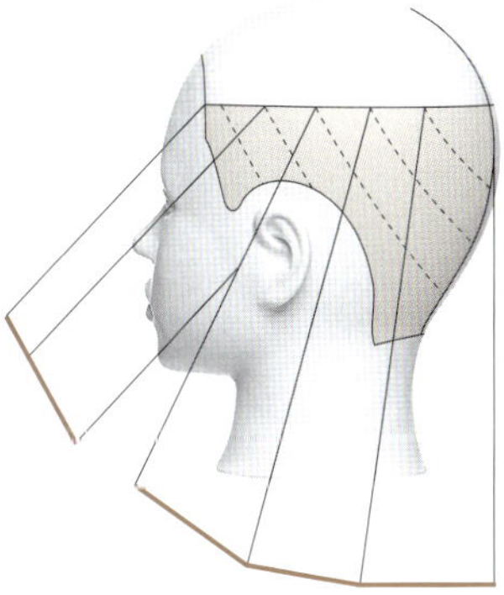

アンダーセクション

2

バックの中間部あたりから縦スライスを引き出し、インナーレイヤーで削ぐ。後頭部のフォルムをさらに縦長にする効果がある。

3

トップにインナーグラで削ぎを入れる。表面の髪に丸みを与えながら、軽さを出す。

4

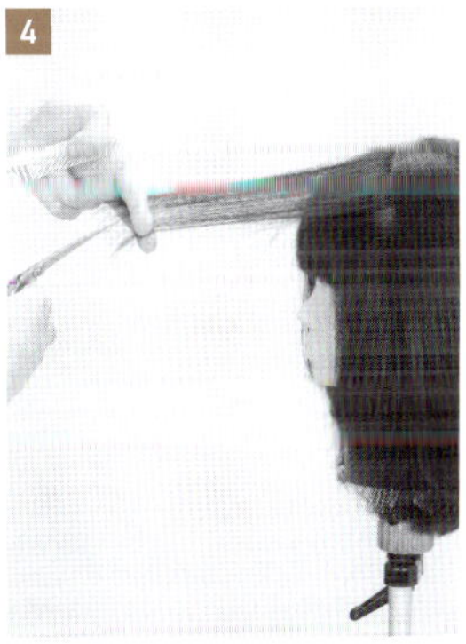

ポインティングで毛先に削ぎを入れる。なじみ感のある適度な軽さと動きを表現する。

Section Cut Training according to Customer Category

Category 4

CATEGORY 4 の顧客像

カテゴリ 3 まではその年代ごとにある程度テイストの集約が可能だが、カテゴリ 4 のメイン年代となる 30 代以上はひとりひとりの個別性が強くなる。トレンドに興味がないわけではないが、自分の嗜好やこだわりが満たされることに最大の満足を感じる人が多い。社会的な立ち位置もカテゴリ 3 より安定してくるので、外見に自分の個性を出す余裕も生まれる世代。

CUSTOMIZE

カスタマイズ

雑誌でいえば In Red、Oggi、CLASSY、BAILA などの購読者にあたるが、ファッションもメイクも個別性が強くなるので集約するのは難しい。ヘアにも美意識、こだわり、ライフスタイルに添った多様な「その人らしさ」の表現が求められる。髪質や骨格などの素材に対応した高いクオリティも必須。ナチュラルでもエッジが効いていても、仕立てのよさ、質の高い印象が求められる。

多重構成でより細かいカスタマイズを可能に

このカテゴリではお客さまに合わせたパーソナルな表現をしたり、「仕立ての良さ」を感じさせるためのカットを行う。
セクションを重ねることで、部分的な調整が容易になり、より高度な「カスタマイズ」が可能になる。

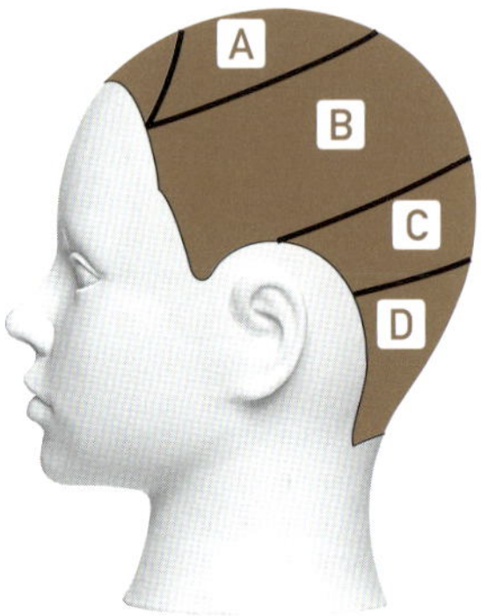

- A ……… スタイル上部に高さを出し、ボブの形をやわらげる
- B ……… ハイグラで丸みのある形のベースを作る
- C ……… ウエイトが高くなり過ぎないように、ここだけ重いグラで落ちつかせる
- D ……… ネープを締める

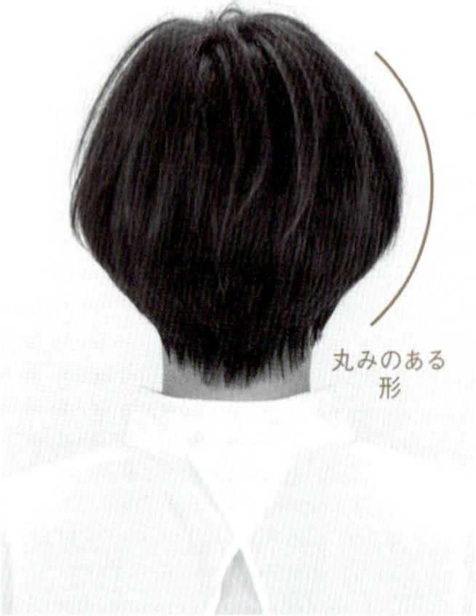

（カテゴリ３
ナチュラルフェミニン２）

例としてあげたのは、「いかにもボブというデザインはちょっと……」という要望に応えて、グラボブの造形感がやわらぐようカスタマイズしたスタイル。各セクションは、上のような目的で切り分けられている。
カテゴリ３のスタイルと比べると、アウトライン付近はボブっぽいが、全体的には気負いのないショートヘアという印象になっている。

インナーグラと インナーレイヤーを組み合わせた削ぎ

削ぎはインナーセニングがメインになる。インナーレイヤーとインナーグラを単独で使うだけでなく、ひとつのパネルの上部をレイヤー、下部をグラでコンベックス状に削ぐテクも登場する。毛量を減らすと同時に、おさまりをよくする効果がある。

ひとつのセクションの中で段差を変化させる

さらにこのカテゴリで特徴的なのは、ひとつのセクションの中で段差を移行させるカット技術。段差を変化させることで、「ここは丸みをもたせたい」「この部分だけフラットに」といった部分的な調整をしながら、なめらかにつないでいくことが可能になる。大人世代のヘアを作るためには有効なテクニックである。

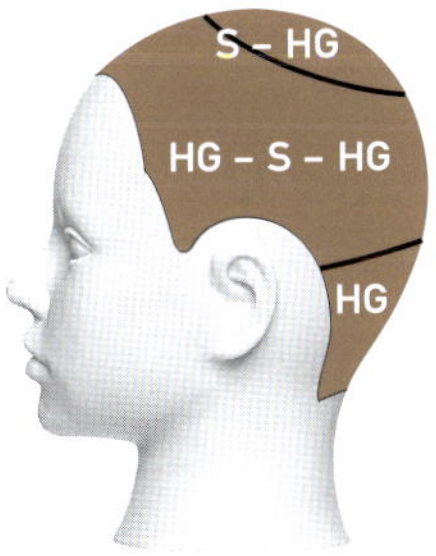

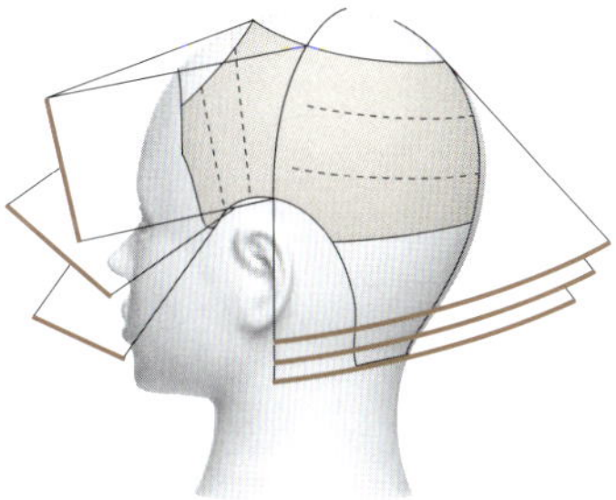

〈例 1〉
ミドルセクションに移行のテクが取り入れられていて、フロントがHG、耳上がS、バックがHGで切られている。これは全体をGで切ってしまうとフォルムが丸くなり過ぎるので、Sを挟んでフラットな部分を作るという目的がある。

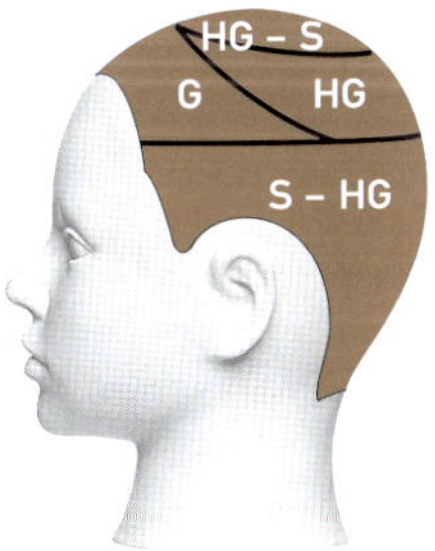

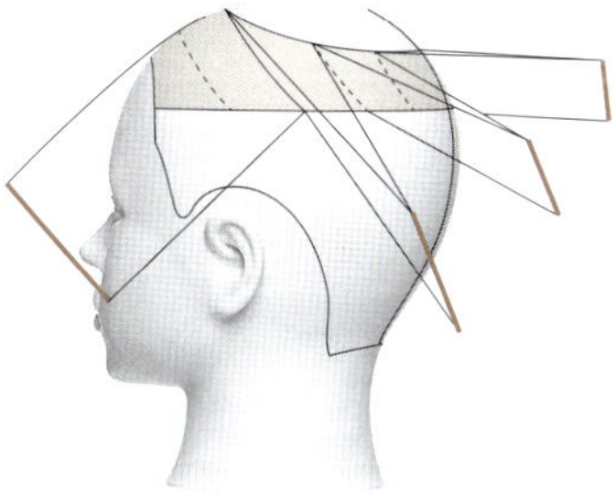

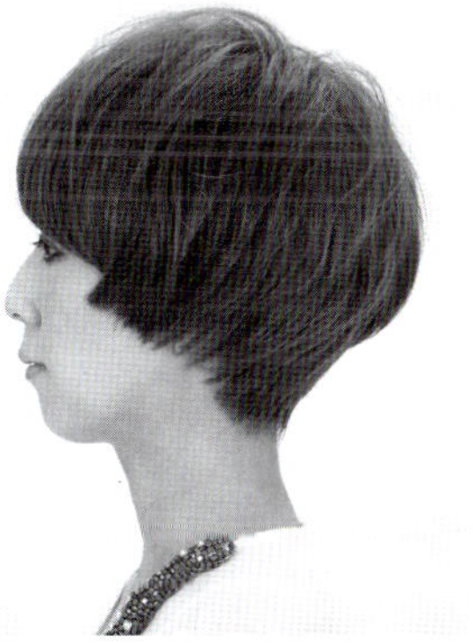

〈例 2〉
アンダーとオーバーで段差の移行がある。特にポイントとなっているのはオーバーセクションで、前半分はG、途中からHGに移行する。フロントのマッシュ風のラインはGで出し、バックの丸みはHGで作っている。

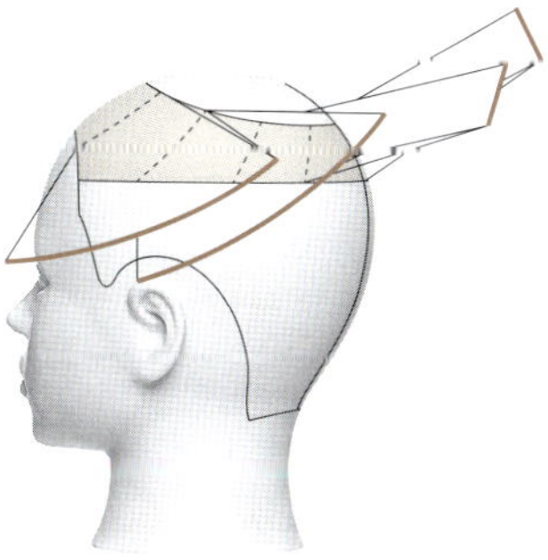

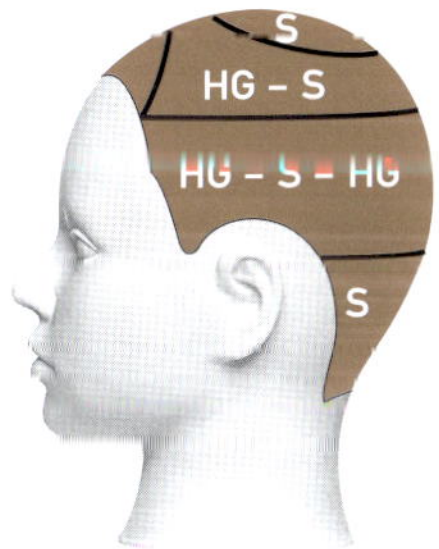

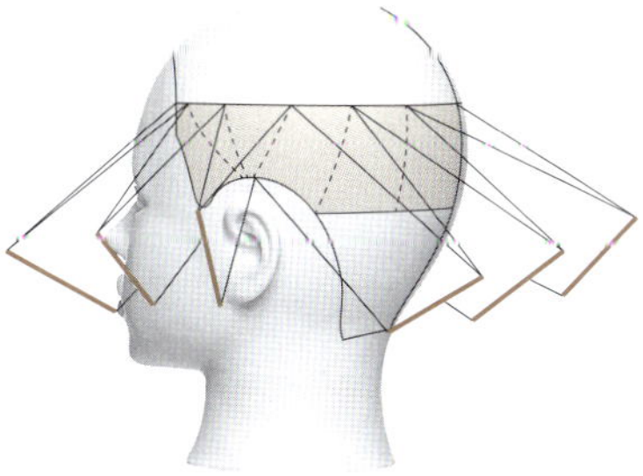

〈例 3〉
アンダーとミドルに移行が使われている。このスタイルは本来縦長フォルムなのだが、似合わせのため顔まわりとバックの一部に重さを残すという「カスタマイズ」をしている。そのためフロントはHGで切り、サイドからSに移行させている。

Category

4 CUSTOMIZE 1

丸いフォルムの中にフラット感を入れて似合わせたボブ

前上がりのフロントと前下がりのバックがサイドでＶ字をつくるデザイン。
モデルの顔だちに似合わせるためウエイトは低めだが、そのままだとフォルムに丸みが出過ぎるので、耳上でフラットになるよう、レイヤーで調整されている。

ネープセクション

1

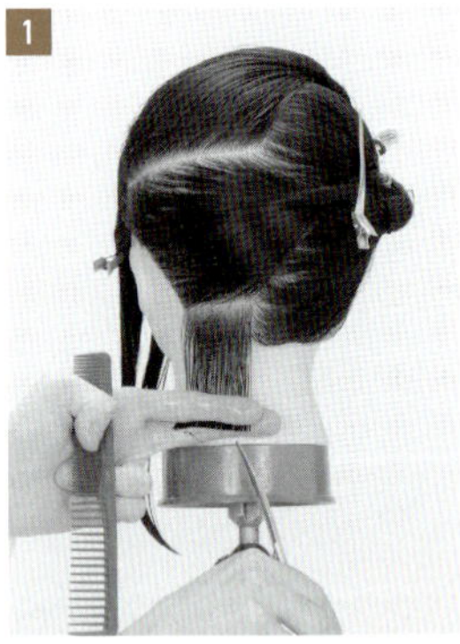

ネープからななめスライスをとり、ダウンシェープして切る。

2

耳の高さまで同様に切り進む。耳後ろは前下がりにするため長さが残るように後ろに OD して切る。

ミドルセクション　バック

1

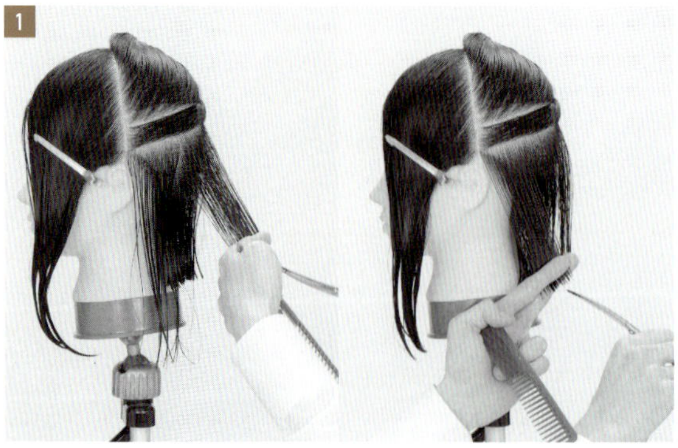

センターから 30 度リフトして切り始め、リフトを下げながらサイド側へ切り進む。耳際はアウトラインがえぐれるのを防ぐため少し後ろに引いて切る。

2

次はバックのセンターのリフトを上げ、45 度の高さで切る。少しずつリフトダウンしてサイド際まで切る。

ミドルセクション　バック

3

次はセンターのリフトを 60 度に上げ、切り進むにつれ少しずつリフトダウンし、サイド際は 45 度で切る。

4

セクションの最後はセンターを 75 度のリフトで切り始め、少しずつリフトダウンしながらサイド際を 60 度で切る。

ミドルセクション　フロント～サイド

1

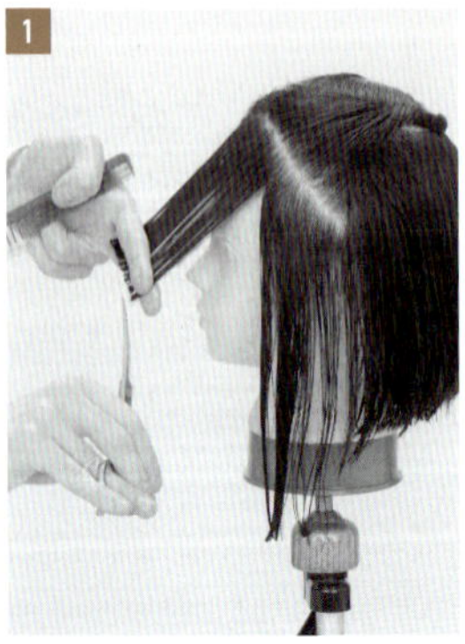

生え際からななめスライスをとり前方 45 度に OD してななめのラインでカット。前上がりのラインを作る。

2

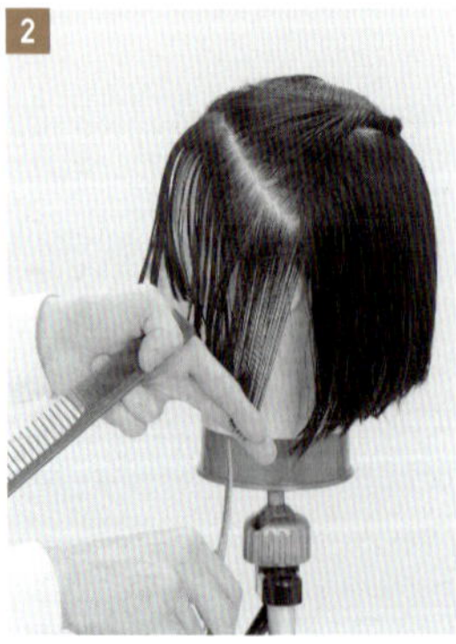

このスライスの最後は、バックで切った長さとななめのラインでつないでおく。サイドとバックがＶ字状につながる。

3

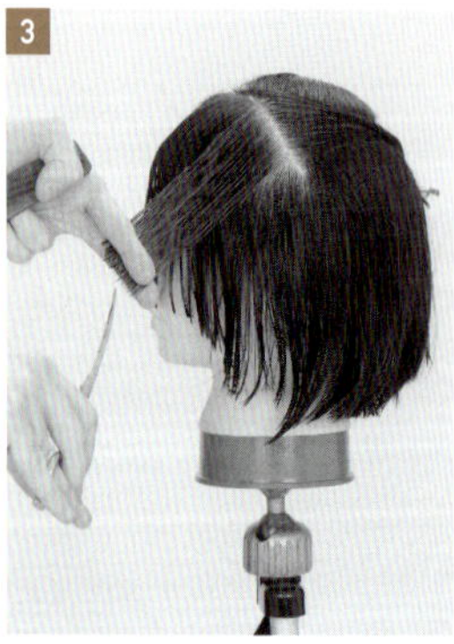

耳上に近づいてきたら、スライスを縦に近づけて、少しずつリフトアップして切っていく。

4

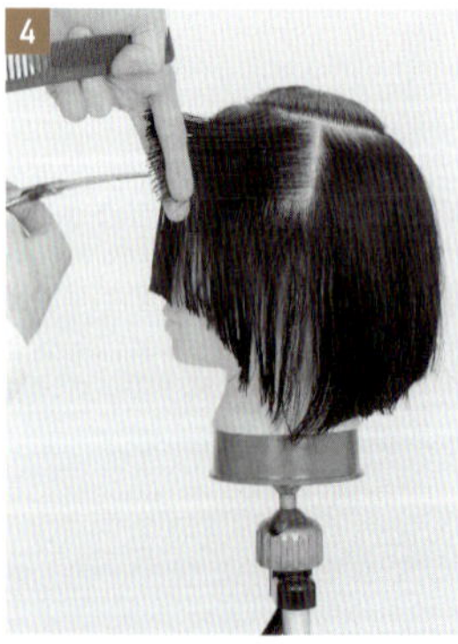

耳上は縦スライスをとり、90 度のリフトでほぼセイムレイヤーに切る。

5

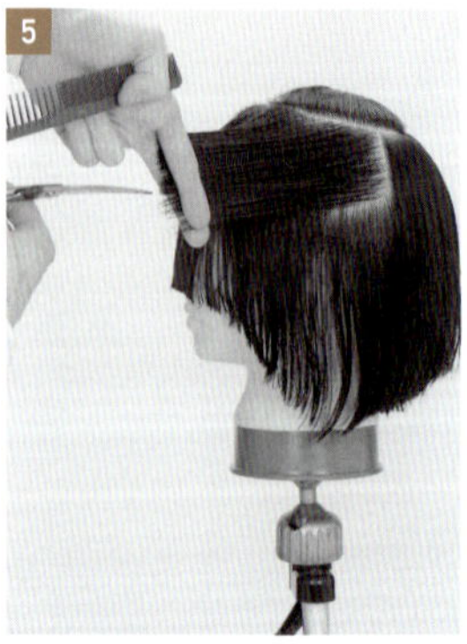

バックの髪を前方にシェープし、4で切った位置まで引いてカットする。これでバックのハイグラとレイヤーがなじむ。

バックとフロント両側からグラでカットしていき、中央でレイヤーを挟む

オーバーはバックからサイドまで、リフトを上げて前下がりのグラを切る。その後フロントから後ろ下がりのグラで切り進め、耳上だけ縦スライスのレイヤーに変えて、前後をつないでいる。

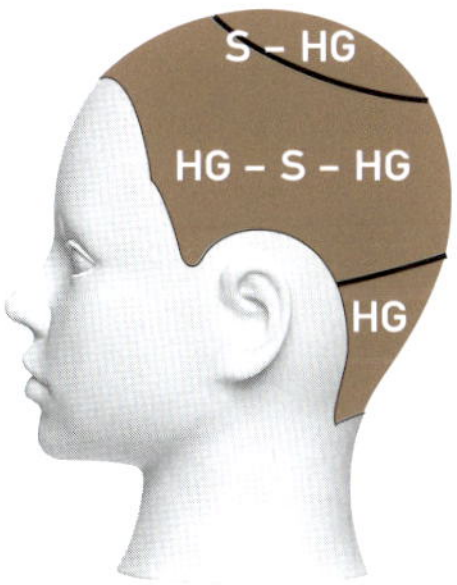

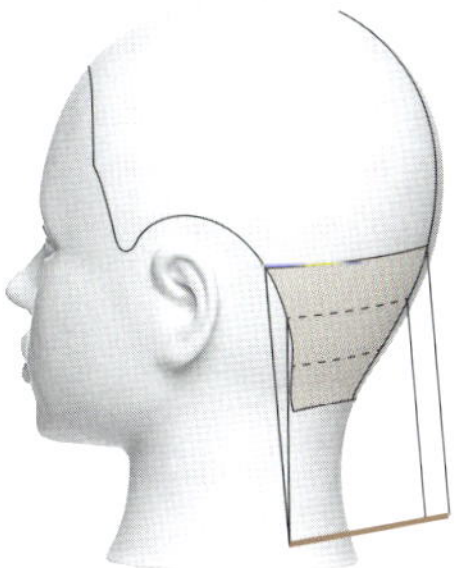

ネープセクション

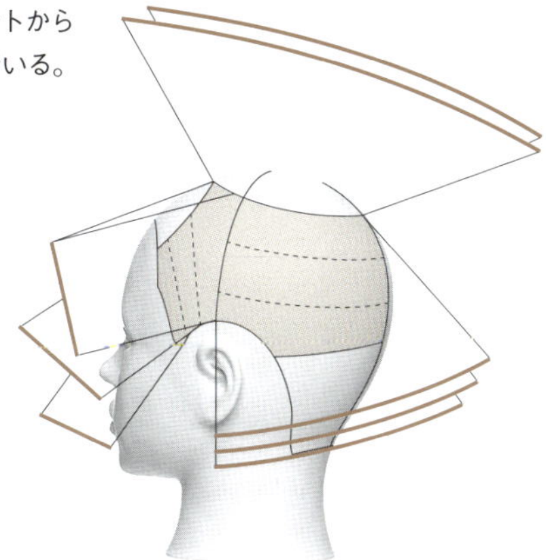

ミドルセクション＆トップセクション

トップセクション

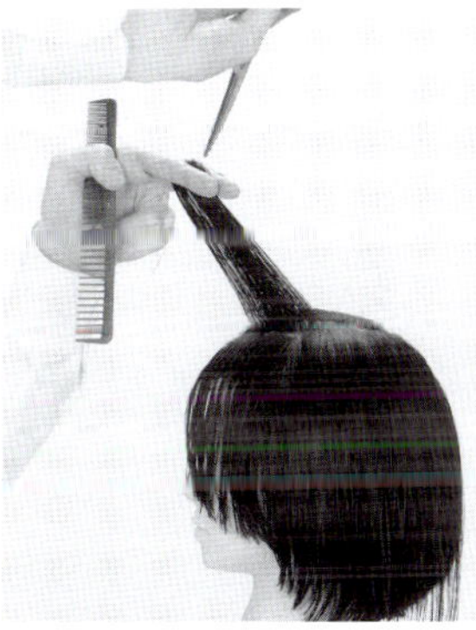

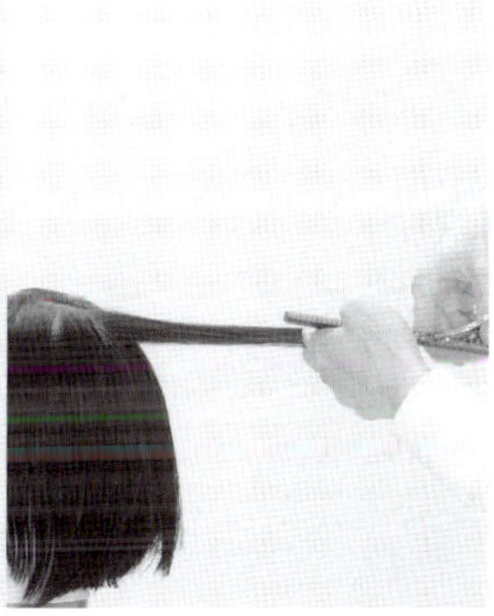

トップを上下２段に分け下段から切る。フロント側をオンベースで切り、少しずつリフトダウンしてサイドを切る。バックは床と平行なリフトで切る。上段もフロント側はリフト高めで切り、サイド、バックはリフトダウンして切る。

毛量調整・質感調整

1

イア・トゥ・イアよりやや後ろを、インナーレイヤーとインナーグラをコンベックス状に組み合わせて削ぐ。量感が減ると同時におさまりが良くなる。

2

後頭部の一番出ているところを中心に、パネルを幅広くとり、インナーレイヤーとインナーグラを入れる。この他、ネープ付近の表情を柔らかくするために、ポインティングでセニングを入れる。

重さを感じさせない大人のマッシュルーム

フロントはディスコネになっていて、マッシュのラインはあるのに量感を感じさせない。
まろやかな丸みでメリハリを出した、エレガントなハイクラス感のあるショート。

アンダーセクション

1

フロントから縦に近いななめスライスをとり、前方 70 度に OD してカット。

2
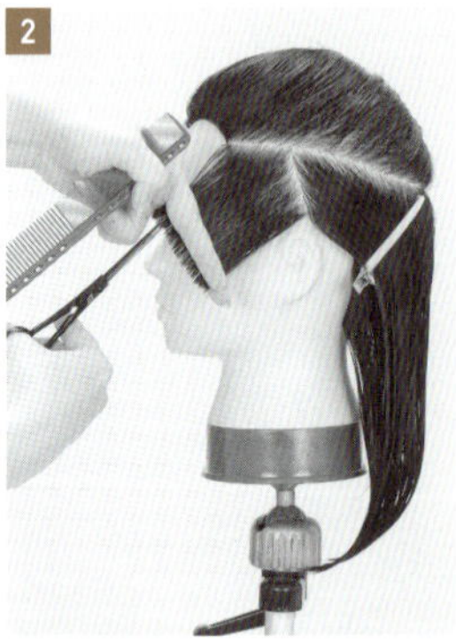
耳上まで、ラインに穴をあけるのを防ぐため、1と同じ位置に引いて切る。

3
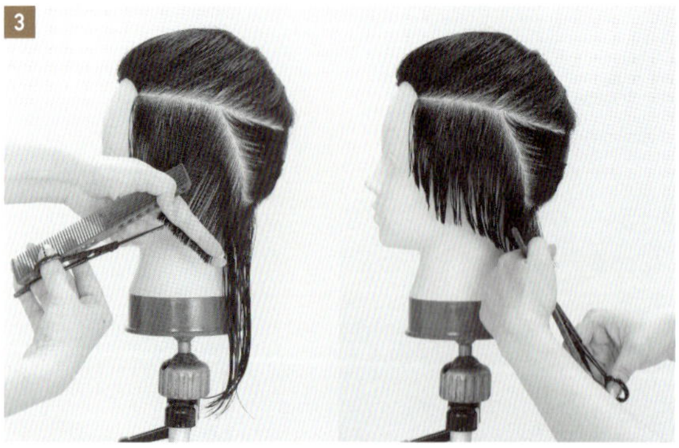
耳後ろからは前方への OD を小さくする。このスライスはサイド近くは 45 度のリフトで切り、バックは 30 度の高さで切る。

4

バックの頭の丸みがきつくなってきたら、スライスを横に近づけてとる。リフトは少しずつ上げていき、最終的にバックセンターを 60 度のリフトで切り終える。

オーバーセクション フロント

1

ななめスライスをとり、前方 30 度に OD する。アンダーセクションとつなげず、かぶせる長さでカット。

2
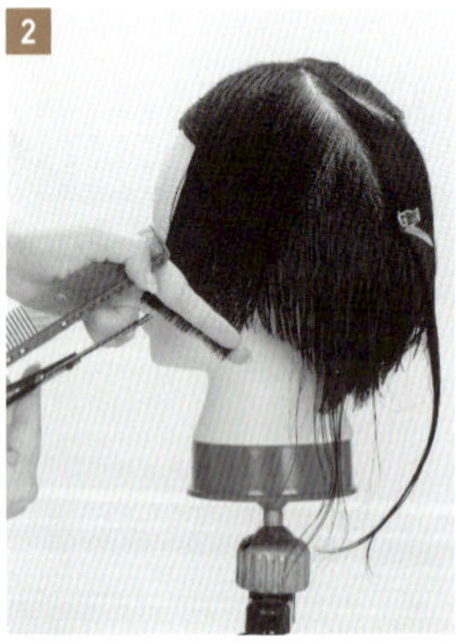
耳上まで、ななめスライスをとり、1を切ったのと同じ位置まで OD してカットする。

3

このようなディスコネクションになる。

オーバーセクション バック

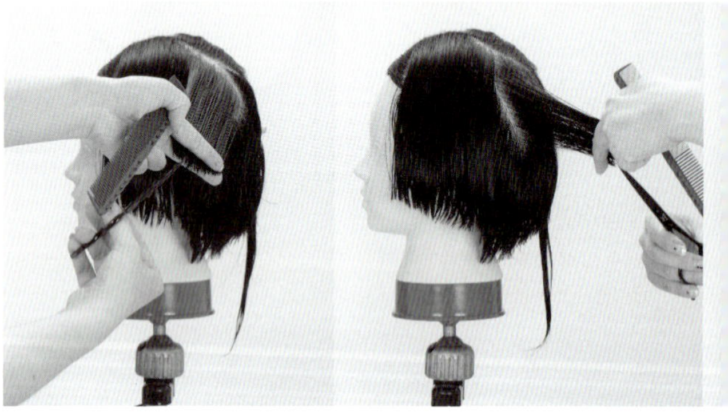
耳後ろからは、スライスを徐々にななめから縦にしていき、かつリフトを 45 度から少しずつリフトアップして、最後のバックセンターは 90 度のリフトで切る。バックのカットラインはディスコネではなくアンダーセクションと長さをつないでいく。

トップセクション

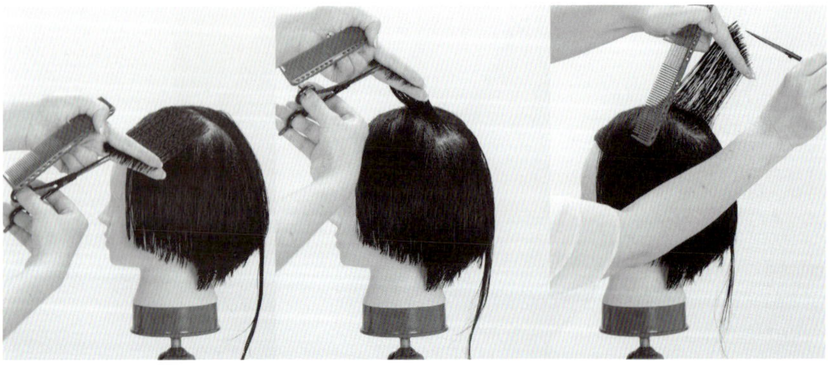
フロントからななめスライスをとり、最初のパネルは 75 度のリフトでカット。少しずつスライスを縦にしてリフトも上げていき、正中線上はオンベースでカットする。トップの後方がレイヤーになることで、フォルムに高さが生まれる。

バング

バングのカット。上下に分け、下を 15 度、上段は 45 度で切る。パネルのセンターの方をリフトして切り、中央に段差をつける。

毛量調整・質感調整

1

トップセクションの前方からななめスライスを引き出し、インナーグラデーションを入れる。グラのラインで削ぐことによって、量感は減るもののウエイト感は損なわれない。

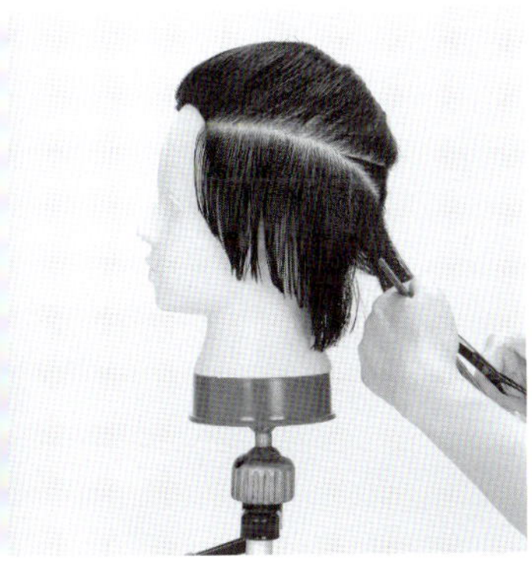

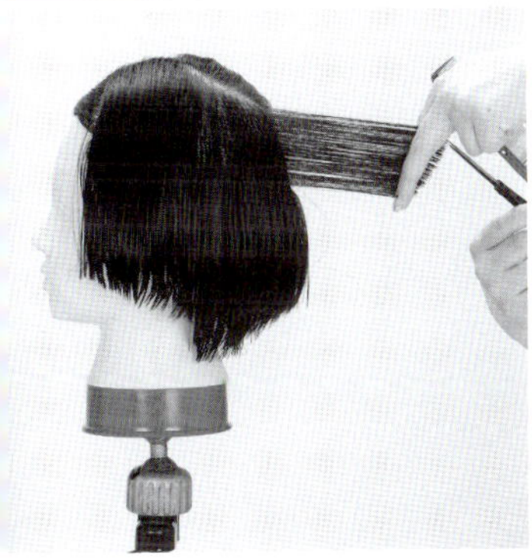

ハイグラのベースにディスコネされたフロントとレイヤーのトップを組み合わせる

オーバーのフロント〜サイドはディスコネクトし、アンダーにかぶさる長さでグラを切る。サイドからバックはハイグラへと移行させる。スライスを縦に近づけていき、引き出す方向と高さを少しずつ変えながら、なめらかな段差をつける。

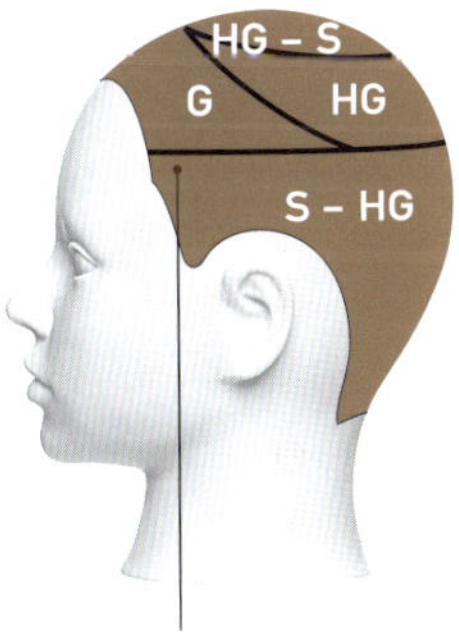

ディスコネクション

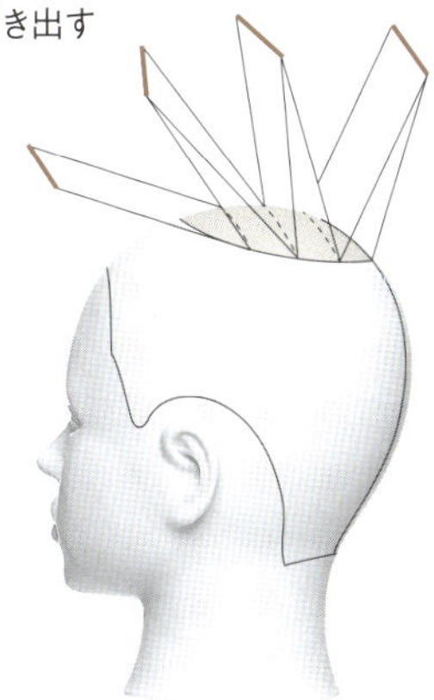

トップセクション

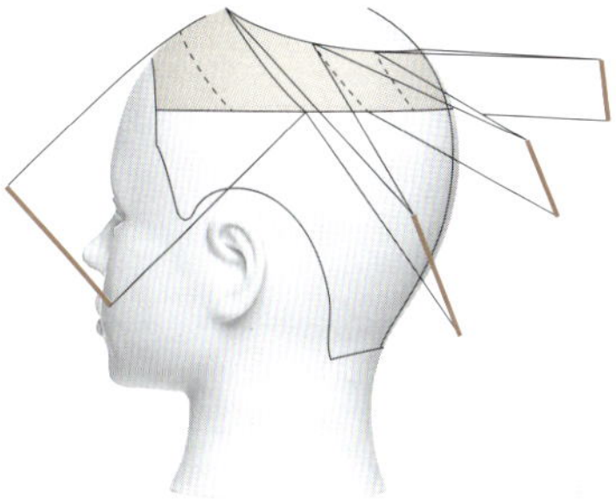

オーバーセクション

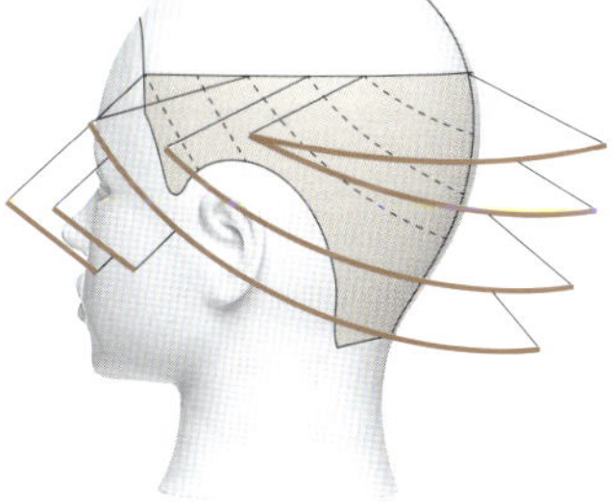

アンダーセクション

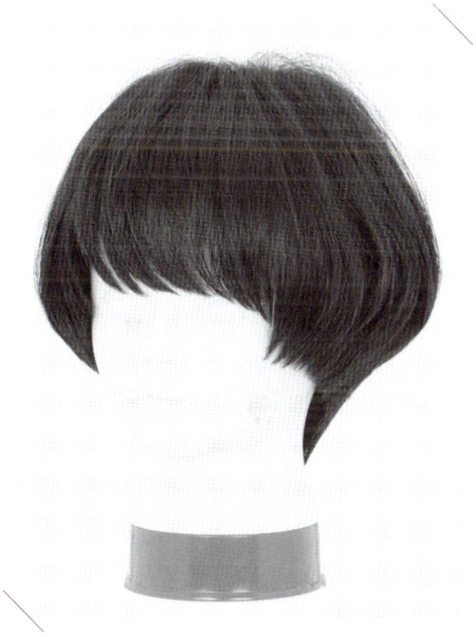

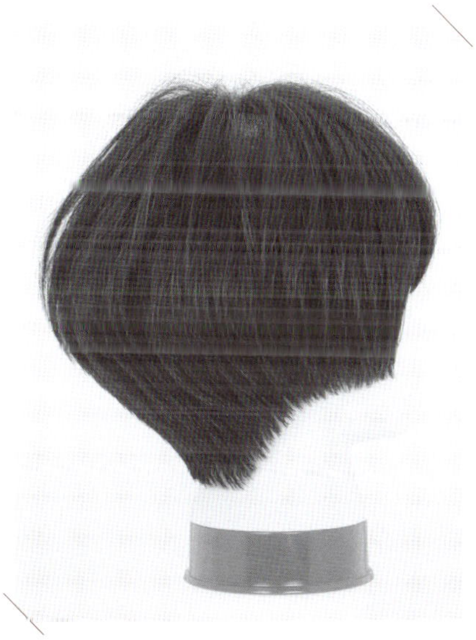

2

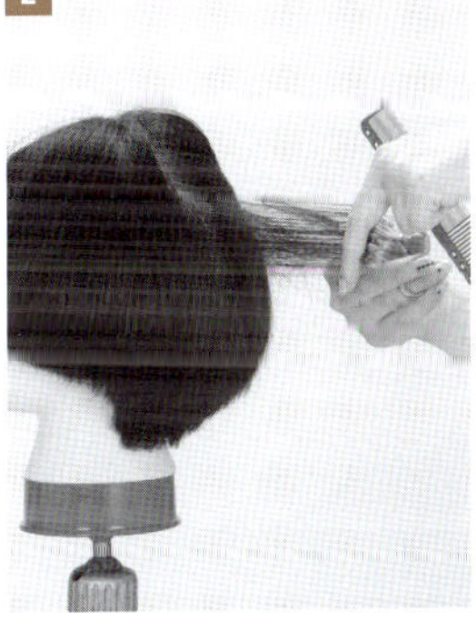

バックの耳後ろのゾーンから縦にパネルを引き出し、レイヤーのラインで削ぐ。バックサイドのフォルムのもたつきがなくなる。

3

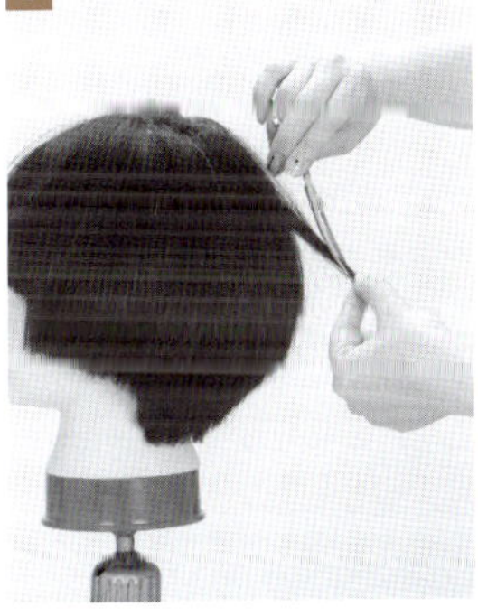

バックのトップ部分の毛束にサイドセニングを入れる。動きの表現が強調される。

4

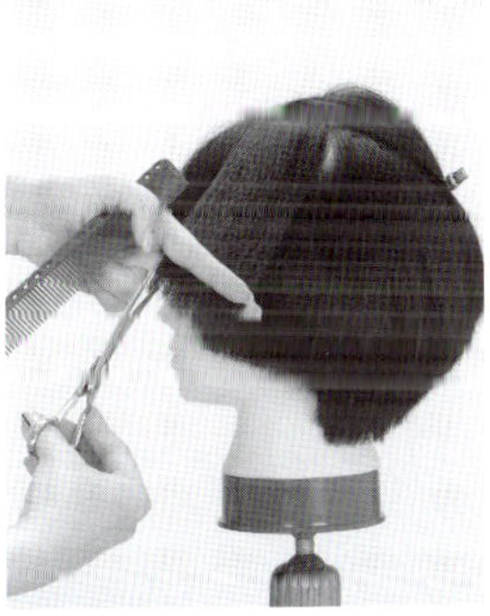

フロントの毛先にポインティングを入れ、毛先のなじみと軽さを作る。

Category

4 CUSTOMIZE 3

縦長フォルムに部分的に横幅を残した大人スイートヘア

顔立ちと年代から言うと縦長のフォルムが似合うのだが、全体に細長くなってしまうと今っぽくない。
そこで顔まわりとバックに重さを残し、縦長感とバランスさせるように切られたデザイン。

ネープセクション

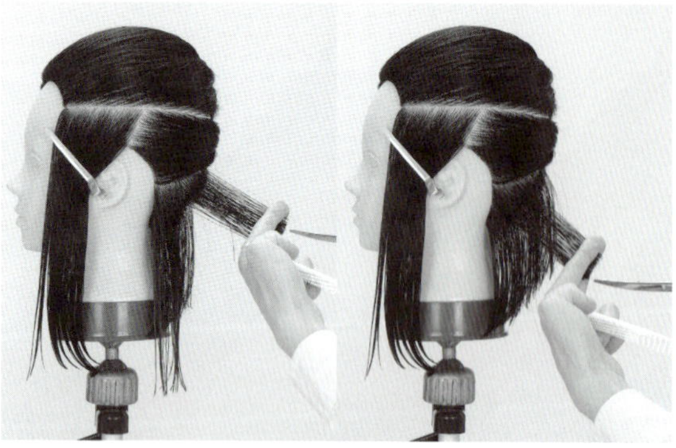

ななめスライスをとり、耳の高さまで前下がりにスライスをとって切り進む。バックセンター寄りはオンベースにリフトし、サイド寄りはややリフトダウンして切る。

アンダーセクション　バック

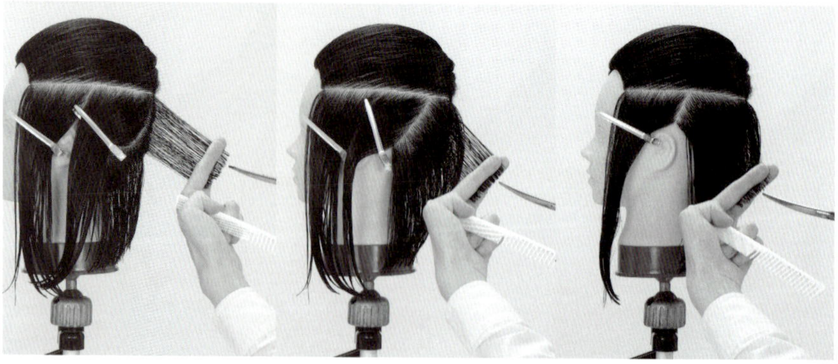

バックのセンターから縦にスライスをとり、60 度にリフトして、ネープの長さをガイドにカット。次から少しずつスライスをななめにし、50 度、45 度とリフトを下げながら、耳上まで切り進む。耳周辺は後方に OD して、ななめのラインでカットし、長さを残す。

アンダーセクション　サイド

1

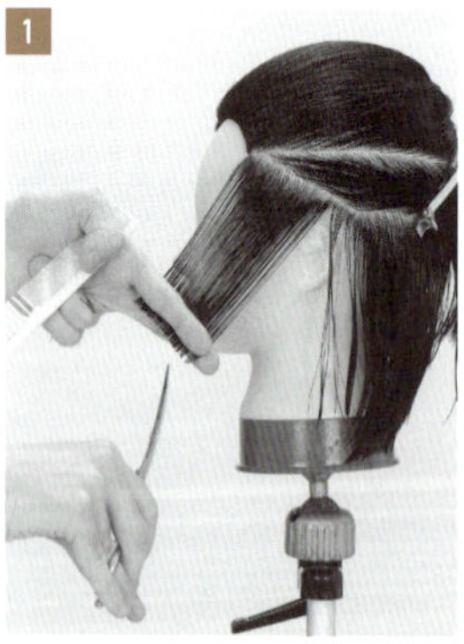

フロントから切る。フェイスラインとバックで切ったコーナーをつないで、横に近いななめのスライスをとる。前方 45 度にODし、ななめのラインを切る。

2

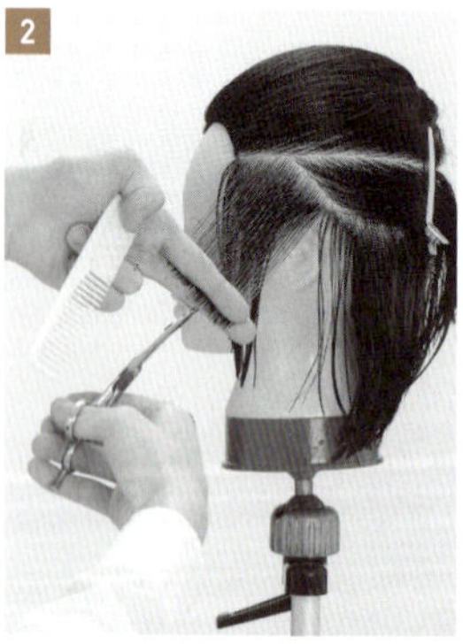

次からはスライスを縦に近づけてとり、少しずつリフトアップして切り進む。

3

耳上はスライスを縦にして、70 度のリフトでセイムレイヤーを切る。バックとフロントはハイグラで、その間にセイムレイヤーがはさまる構成になる。

4

さらにスライスの角度を倒して、耳後ろまで切り進み、バックとつなげる。

オーバーセクション

1

バックセンターからオンベースでスライスを引き出し、アンダーセクションの長さをガイドに、セイムレイヤーにカット。

2

次からは少しずつスライスをななめにしてカットしていく。耳上あたりまでは 90 度のリフトで切る。

3

フロントに近づくにつれ、スライスを横に近づけていく。ここはバックを 80 度のリフトで切り始め、フロントはやや下げて 70 度で切る。レイヤーがこのあたりからグラデーションに移行していく。

4

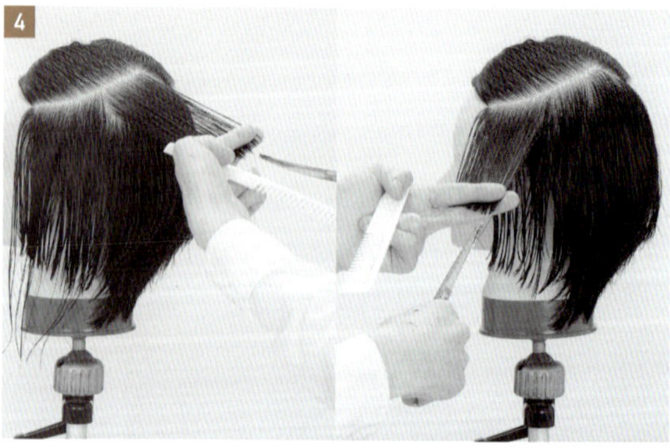

次からは横スラのグラデーションカットになる。バックは 80 度のリフト、少しずつリフトダウンしてサイドを切り、フロントは 70 度で切る。

フロントとバックのハイグラでレイヤーを挟む

アンダーセクションはバックとフロント両側からハイグラで切り進み、中央をレイヤーでつなげるテクを使う。ミドルは丸く回り込むようにカットラインを変化させていく。

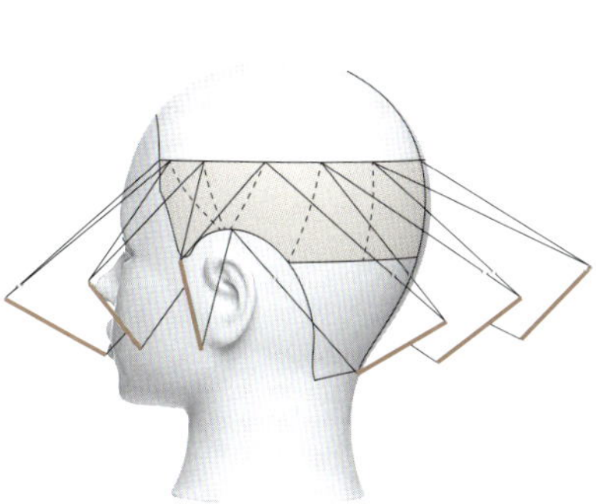

アンダーセクション

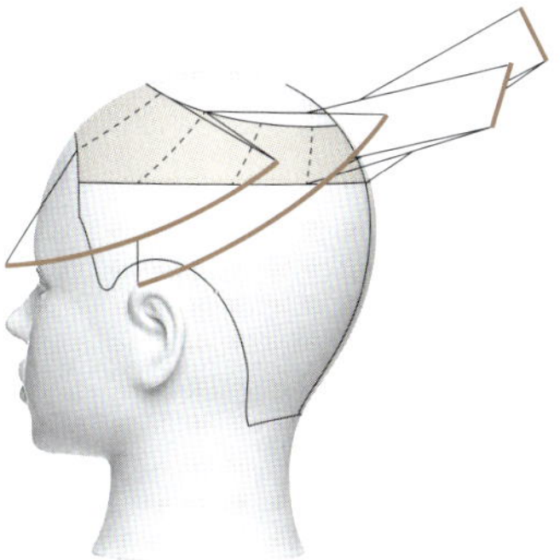

オーバーセクション

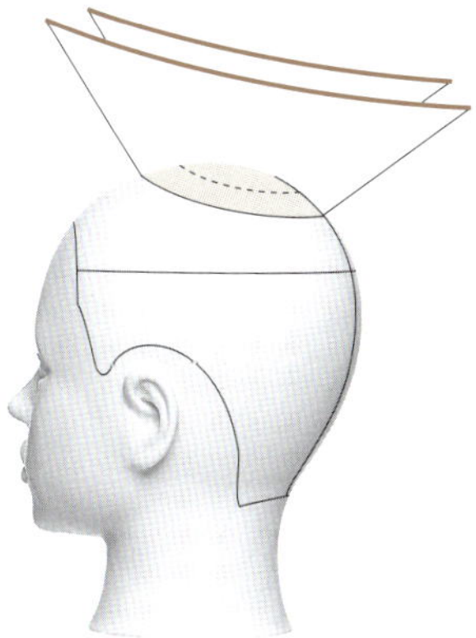

トップセクション

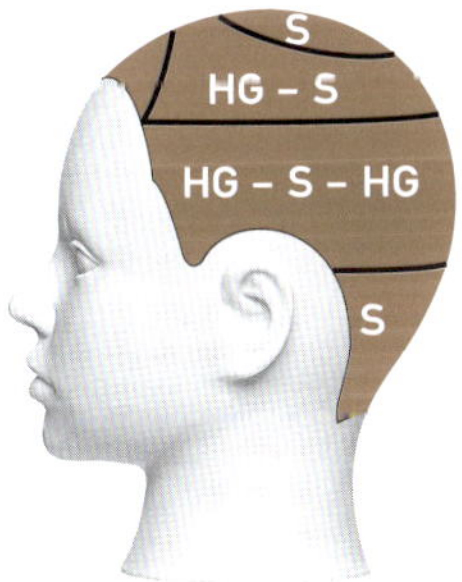

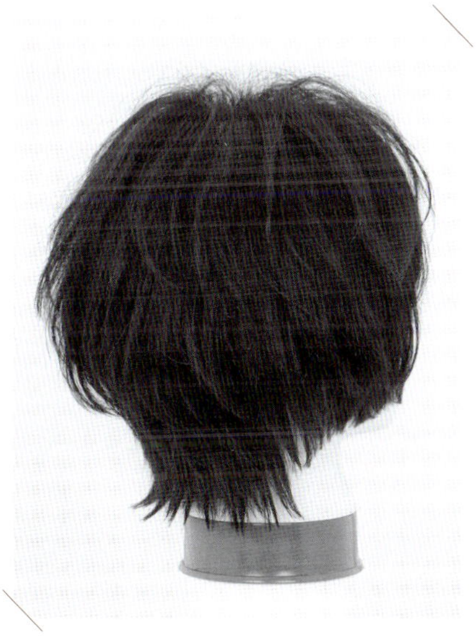

4まではフロントはリフトを下げて切ったが、最後は顔まわりに少し軽さを出すために、少しずつリフトアップして上へ切り進み、90度で切り終える。

トップセクション

頭頂部よりやや後ろにセクションをとり、レイヤーカットする。輪切り状にスライスをとり、オンベースでカット。一周行う。

毛量調整・質感調整

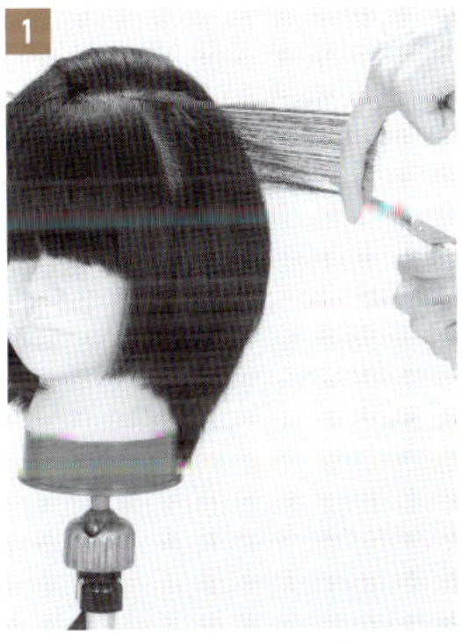

毛量がたまりやすい、オーバーセクションの生え際の奥からパネルを引き出し、インナーレイヤーを入れる。

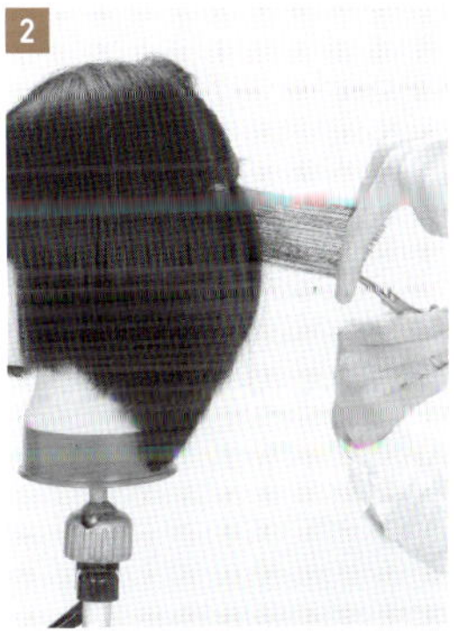

やはり毛量がたまりやすいアンダーセクションの耳裏を引き出し、インナーレイヤーを入れる。

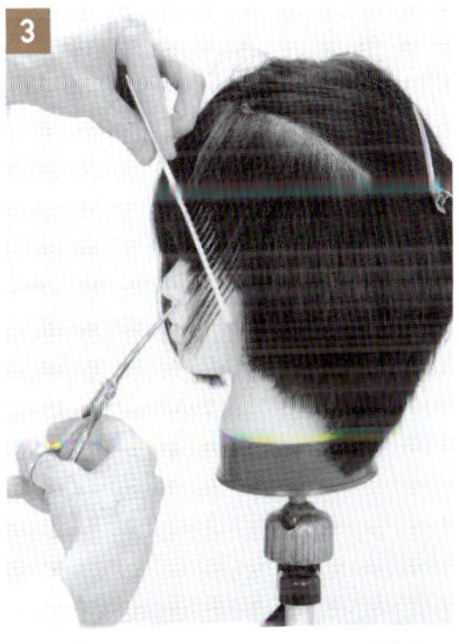

バングとフロントのコーナーの間をチョップカットでつないでぼかす。オーバーセクション全体にサイドセニング、トップにアンダーセニングを入れる。

カジュアルなショート風にカスタマイズしたグラボブ

きっちりしたグラボブにはちょっと抵抗があるケースで、トップに高さを出して、カジュアルなショート風にアレンジしている。
そのままだとバックのウエイトが高くなり過ぎるので、少し低い位置に重さを作って落ち着かせている。

ネープセクション

1

セクションを前下がりラインで分け取る。まず耳後ろの生え際から前上がりのななめスライスをとり、指2本くらいリフトして切る。

2

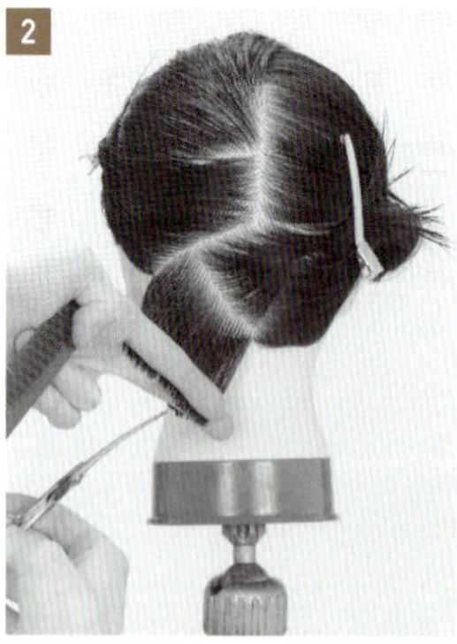

スライスを徐々に縦にして、センターまで切る。

アンダーセクション

1

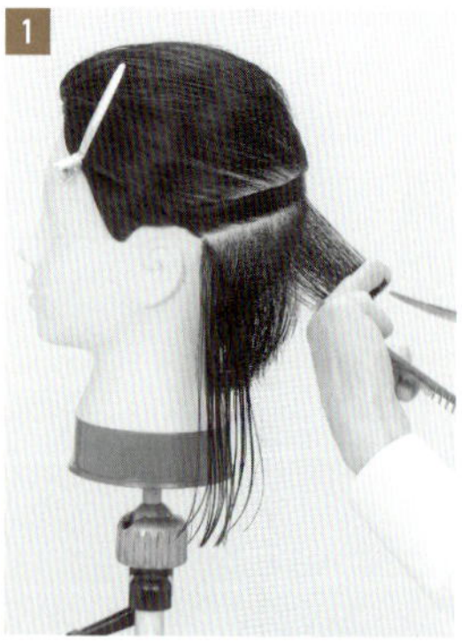

耳のいちばん高い点から後頭部の出ているところをつないでセクションをとる。2段に分け、下段をバックセンターから60度リフトで引き出してカット。サイド側は少しリフトを下げて切る。

2

上段は下段を切った高さにそろえて切る。

3

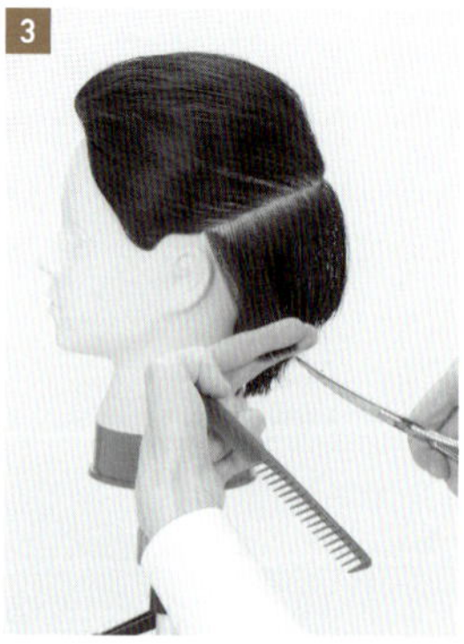

耳後ろは髪が浮きやすいので、やや長めに切る。

ミドルセクション

1

セクションを前下がりに分け取り、2段に分ける。バックから60度のリフトで切り始め、少しずつリフトを下げながらサイドに切り進み、フロントは45度で切り終える。頭の丸みを意識してラウンドにシェーブして切っていくが、耳上だけは少し後ろにODして切っている。

2

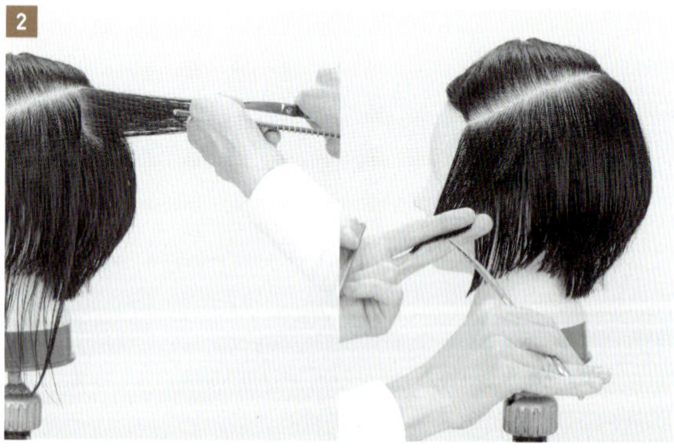

上段もリフトして幅の広いグラデーションをつける。バックのセンターから90度で切り始め、フロントは60度で切り終える。

トップセクション

1

正中線からやや前下がりにスライスをとり、オーバーセクションをガイドにオンベースでセイムレイヤーをカット。耳上まで同様に切る。

2

耳上を過ぎたらパネルをリフトダウンしつつ後方にODし、グラデーションカットに切り替える。

3

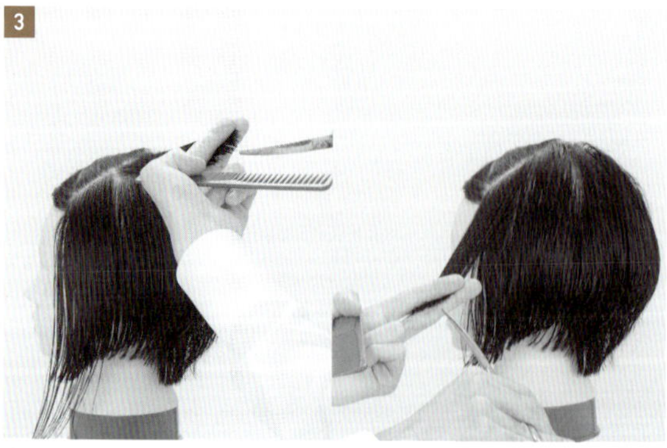

次はスライス線を横に近づけてとり、バックからフロントへ回り込むようにラウンドカットしていく。正中線近くはオンベースで切り始め、少しずつ下げて、フロントは75度のリフトで切り終える。

4

フロントの上端は90度のリフトでカットし、グラにやや軽さを出す。

レイヤー、ハイグラ、グラを重ねて高さと丸みを調整する

耳後ろのセクションだけ幅の狭いグラで重さを残す。その上に幅の広いハイグラ、さらにレイヤーを重ね、軽さを出していく。

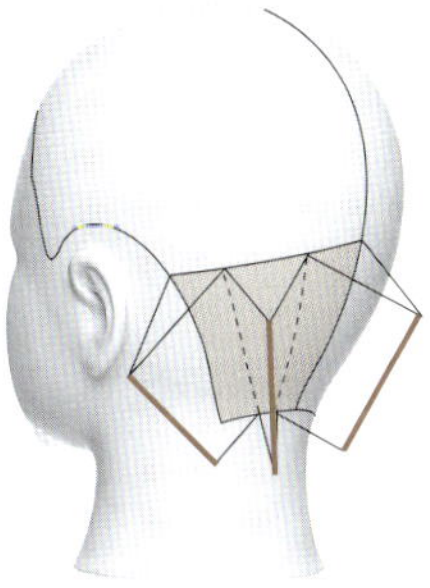

ネープセクション

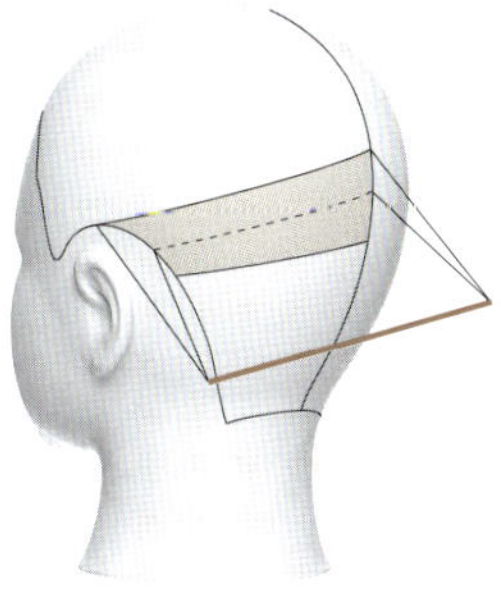

アンダーセクション

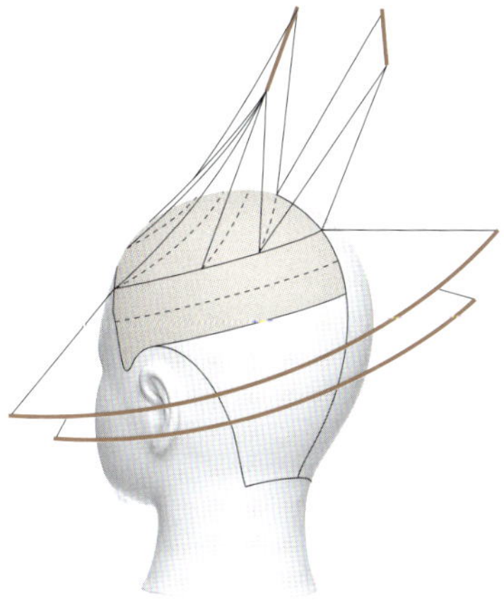

オーバーセクション＆トップセクション

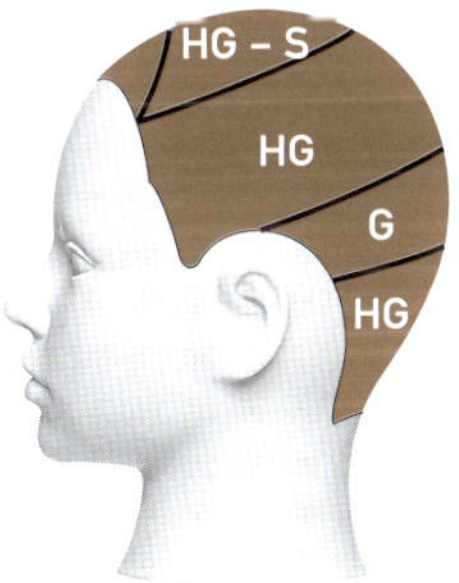

毛量調整・質感調整

1

量感が出やすいフロントにインナーレイヤーを入れる。

2

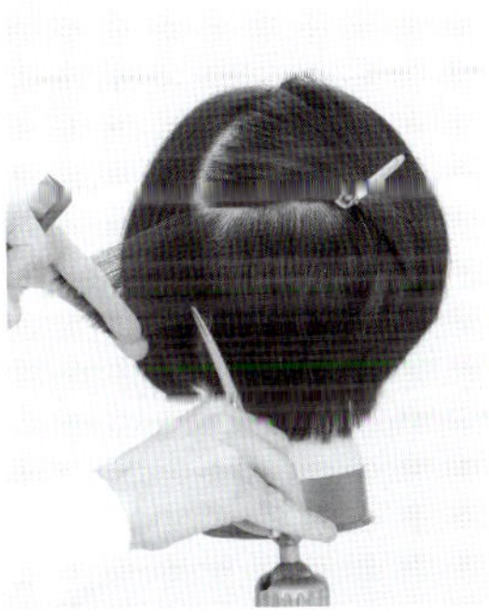

耳後ろから縦スライスをとり、インナーレイヤーとインナーグラでコンベックス状に削ぐ。レイヤーでフラットに、グラでおさまりやすくしてフォルムを締める。

3

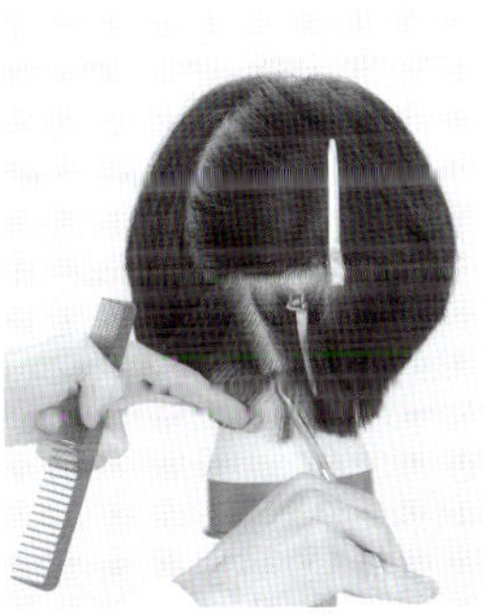

ネープのみつえりにルーツセニングを入れ、毛量を部分的に落とす。

4

オーバーセクションにサイドセニングを入れ、毛束感を出し、動きやすくする。

5

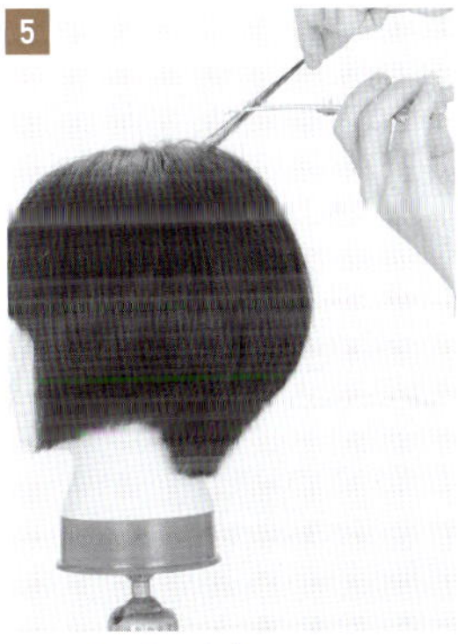

トップの後方の毛束にアンダーセニングを入れ、浮きを作る。

後ろ姿をスリムに仕上げたワンレングスロング

ほとんど段をつけない長い髪はどうしても重い印象になるので大人ヘアには不向き。
このスタイルは見た目はワンレングスだが、いちばん気になるバックの横幅が広がらないよう工夫されている。

アンダーセクション

1

こめかみからぼんのくぼをつないで上下を分ける。アンダーをダウンシェーブして水平なアウトラインを切る。

2

フロントからななめスライスをとり、前方 30 度に OD し、ややななめのラインでカットする。

3

バックまでスライスをとり、前方 20 度に OD してカット。

4

耳後ろからバックはダウンシェーブして 15 度のリフトでカット。

5

アンダーの最後は下のスライスと同じ位置でカットする。

オーバーセクション

1

フロントから縦に近いななめスライスをとり、前方 30 度に OD してななめのラインでカットする。次のスライスは同じ位置までシェーブしてカットする。

2

耳上は 45 度のリフトでカットする。耳を境にして、重いグラをハイグラに移行させていく。

3

耳を過ぎたらスライス線を少しずつ横にしていく。フロント寄りは 60 度のリフトで切り、少しずつ下げていってバック側は 45 度でカットする。

4

スライス線を横に近づけながら切り進む。ここは 90 度で切り始め、バックは 75 度でカット。

トップセクション

1

やや後方にセクションをとる。2 段に分け、下段からハイグラにカットする。フロント、サイド、バックすべて 90 度にリフトしてカット。

2

上段も 90 度にリフトしてハイグラを切る。

バング

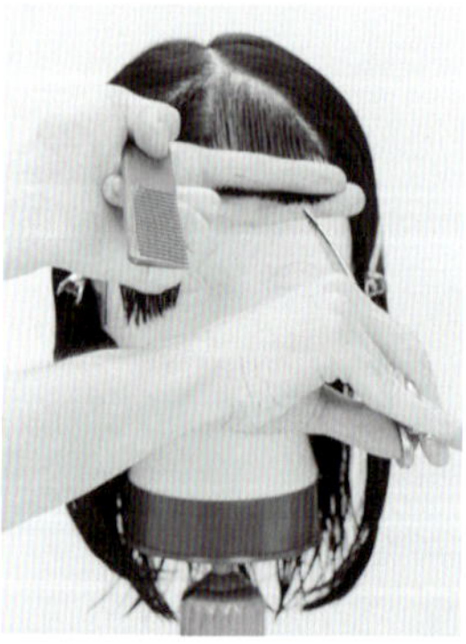
三角ベースをとり、上下に分ける。下を 45 度、上を 90 度リフトしてカット。

毛量調整・質感調整

1

オーバーのこめかみ奥から縦スライスをとり、インナーレイヤーを入れ、フォルムがふくらむのを防ぐ。

横の幅になるバックの
ミドルセクションを削って細身に仕上げる

3セクションで切り分けるが、ポイントになるのはミドルセクション。フロントは低い位置で切るが、耳後ろを過ぎたあたりからリフトを上げていき、グラからハイグラに移行させる。その結果、バックに幅のある段差がつく。

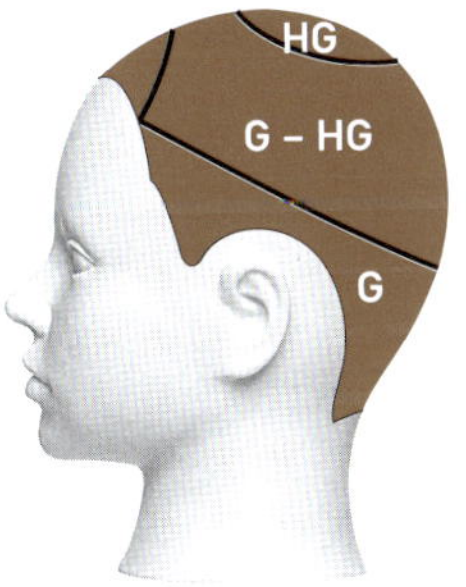

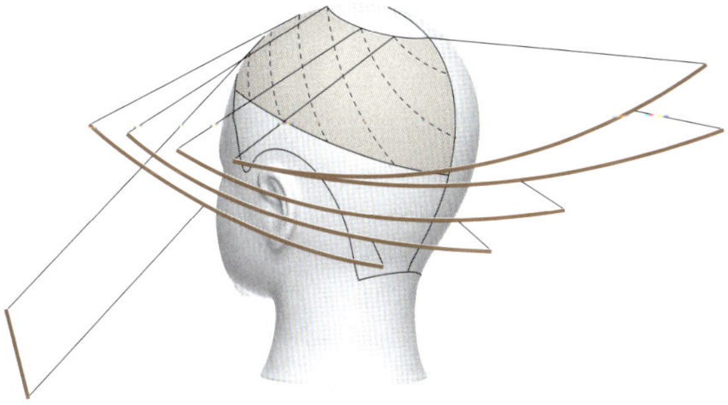

オーバーセクション

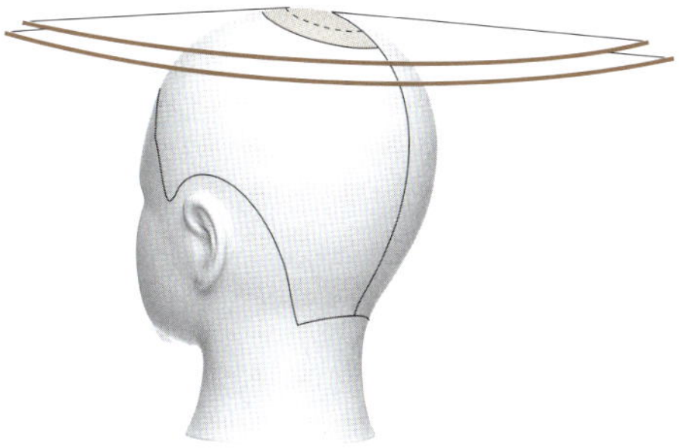

トップセクション

5

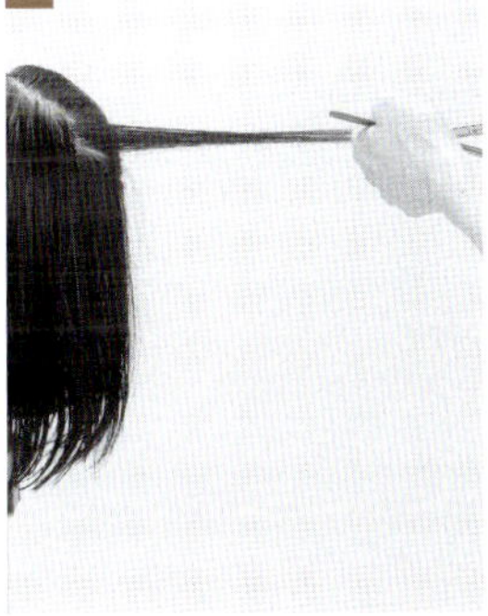

セクションの上端は90度のリフトでカット。

2

その下の部分、もみあげの位置にインナーグラを入れておさまりをよくする。

3

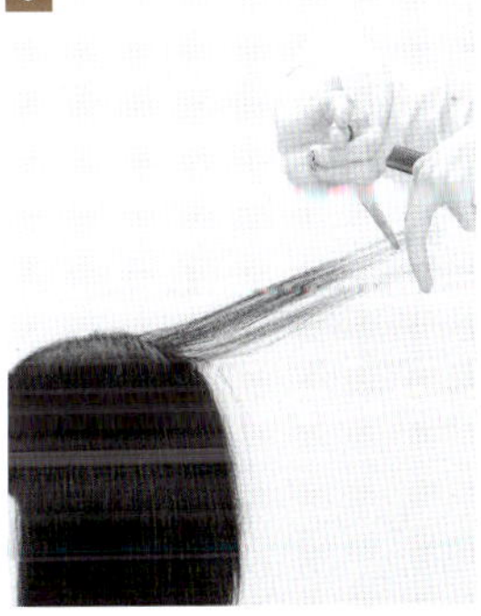

トップの後頭部に落ちる髪にインナーグラを入れる。ロングは髪の重みでつぶれやすいのでそれを防ぐ。

4

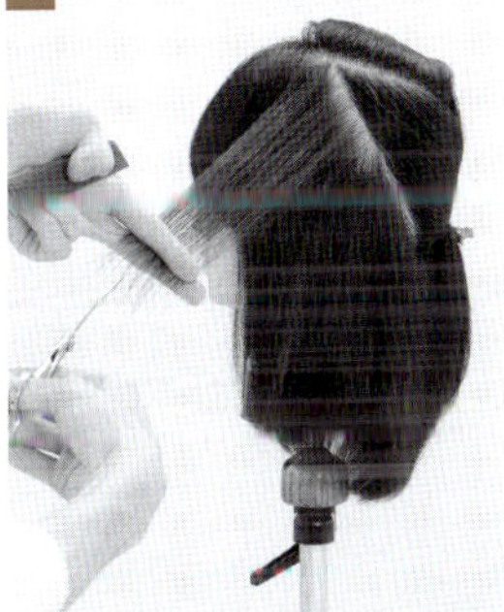

オーバーとアンダーにわたってななめスライスをとり、毛先にポインティングで削ぎを入れ、質感を作る。

毛量調整・質感調整のためのカット

ベースカットの後、毛量調整と質感調整のために行う「削ぎのカット」について種類と目的を示す。

量感が発生しやすい部分

骨格と髪の生え方によって、
必然的に毛量がたまりやすい部分があり、
量感を減らすための削ぎが必要になる。
代表的な部分は、骨格が張っている頭のはちやフロント。
またもみあげの上や耳の後ろなど、
髪の生えている面積が多いところも量感がたまりやすい。

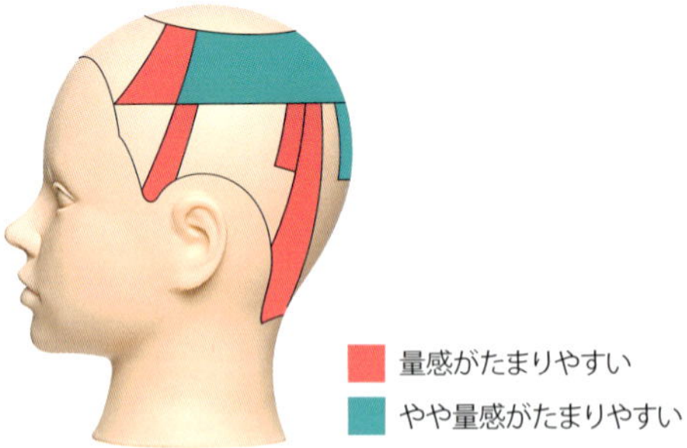

インナーセニング

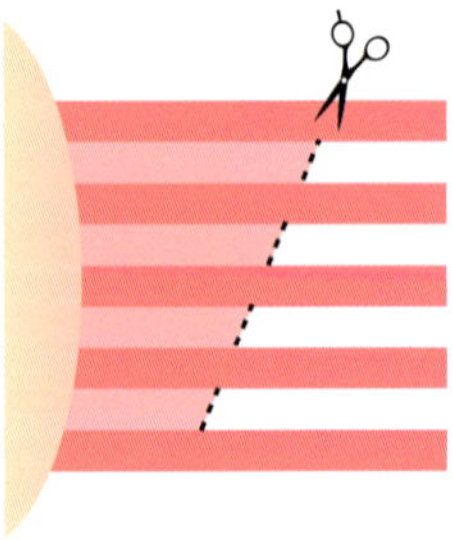

インナーグラデーション

引き出したパネルをグラデーションのラインで間引いていくセニング。あまり削いでしまうとフォルムが崩れるので、空間の直径は1、2ミリが適当。フォルムに丸みを与えながら量感を減らせる。

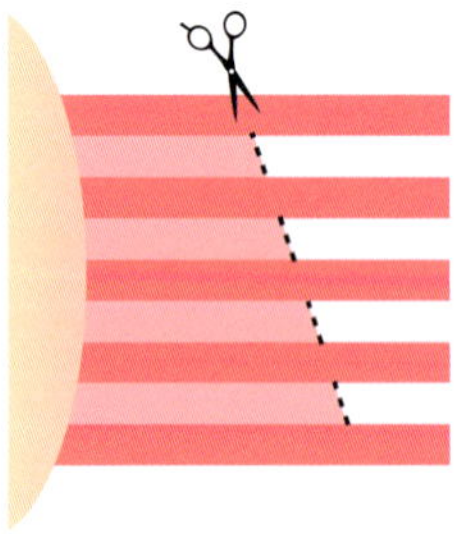

インナーレイヤー

引き出したパネルをレイヤーのラインで間引いていくセニング。フォルムをフラットにする効果がある。

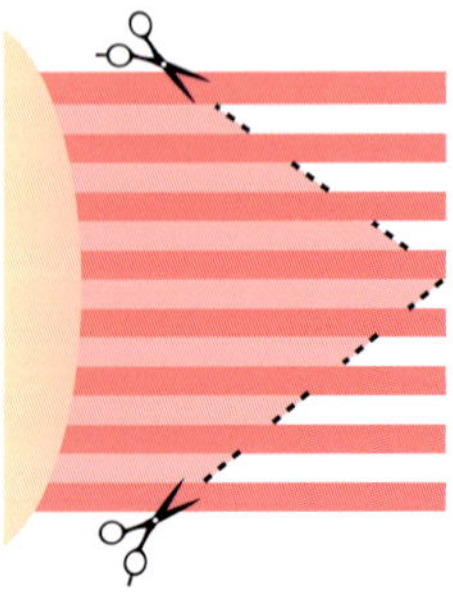

組み合わせ例

上半分をインナーレイヤー、下半分をインナーグラで削ぐと、表面はフラットになり、内側は下の髪となじみやすくなる。

ラインセニング

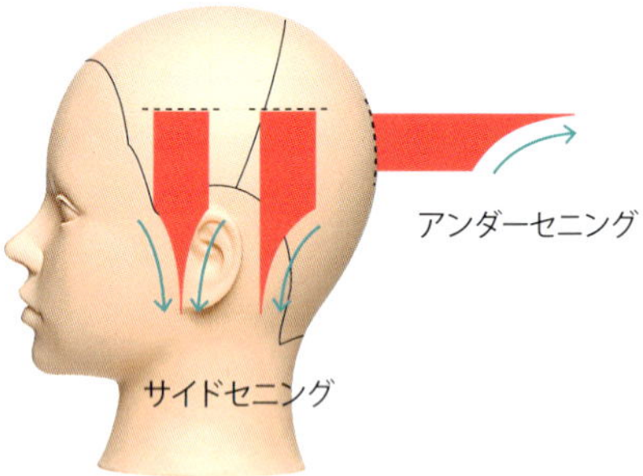

サイドセニング

毛束のサイドをスライドカットで削いでいく方法。両側を削ぐと左右の動きと束感が生まれる。一方向だけに動かしたい場合は毛束の片方だけを削ぐ。

アンダーセニング

毛束の下側をスライドカットで削いでいく方法。毛束の浮き感が生まれる。サイドセニングほどではないが毛束感も生まれる。

ルーツセニング

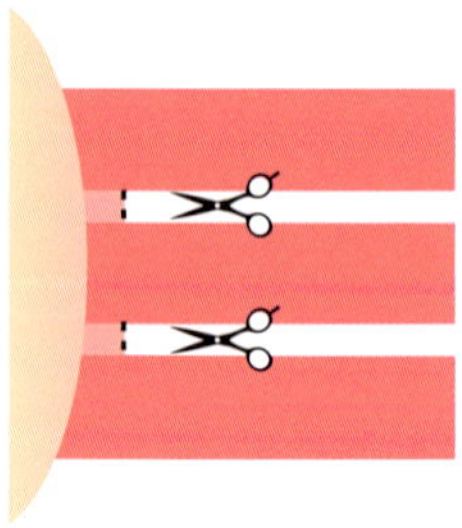

根元から間引くセニング。ポイントで大きく毛量を減らす効果がある。使える場所は限られ、ボブのネープなど、髪が短い部分や根元が下を向いている部分に使うこと。削ぐ空間の直径は1,2ミリにとどめる。

ポインティングセニング、チョップカット

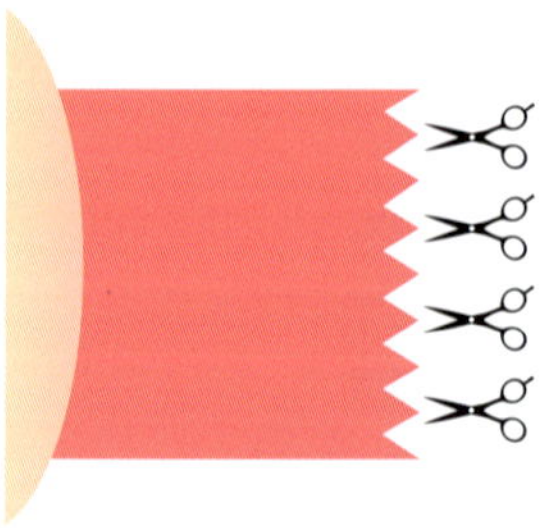

ハサミを縦に入れて毛先を削いでいく方法。毛先に軽さを与え、周囲となじませる。ポインティングが均一で小さな削ぎであるのに対して、大きく、不ぞろいに毛先を削ぐことをチョップカットという。

おわりに

Section Cut Training according to Customer Category

自分がアシスタントだった頃、ある人に「仕事には『ツメ』と『キレ』の両方が必要だ」ということをよく言われました。最近よくこの台詞を思い出します。
〈ツメ〉というのは、仕事にとりかかる初期段階の計画性の高さや、準備の質を指しています。それがないと、質的価値の低い、やっただけの仕事になってしまいがちですし、一定の料金をいただくにも難しいものがある。だから、たとえ仕事に慣れてきても〈ツメ〉をおろそかにしてはならない、といった意味です。

もうひとつの〈キレ〉というのは、事前にいろいろ計画したり準備してたりしても、実際に仕事が進行してくると想定外のことが起こる。そのような事態にも、硬直しないで適確にリアクションして、不確定要素を補正したり、時には逆にうまく活用して、求めた結果以上のものに表現してみろという意味です。

どれだけキャリアを重ねても、この〈ツメ〉と〈キレ〉の両立はとても難しいですね。その手のバランス感覚とか勘みたいなものは、経験を積めば身につくというものではなく、日々の心がけによって培われていくような気がします。

〈ツメ〉に傾斜しすぎると〈キレ〉を失います。この場合結果として、つまらないモノ、生きてないモノになりやすい。逆に〈キレ〉に頼り過ぎて〈ツメ〉がなくなると、なんとかなる時はなるのですが、ハズレた時のダメージは、かなり大きくなる。このことをサロンでヘアスタイルを提供する仕事にあてはめると、基礎訓練の裏打ちがなかった場合、最終形は〈質〉が失われやすい。そしてお客様に対しての気づきやひらめきがスタイル作りに反映しない場合、相手に〈共感〉されにくい、つまり〈成果〉につながりにくいということになります。

この本はカットの技術本ではありますが、お客様の願いを形にすることと技術の結びつきが裏テーマでもあります。狭い幅の中での質の追求から、多様な美意識と質との両立へ。自己の美意識の追求だけでなく、他者の持つ美意識への理解と共感スキルが必要な時代。そんな時代の美容師に向けたトレーニングカリキュラムとしてまとめたつもりです。

本書の内容が皆様の仕事に少しでも役立つようでしたら幸いです。皆様のサロンと美容師人生に輝かしい発展がありますように。どうもありがとうございました！

井上和英

監修
井上和英（Fiber Zoom）

ヘア
西浦かおり（Fiber Zoom）p.18,22,54,58,66,94
佐竹良健（Fiber Zoom）p.30,42,70,78,82,102,106
梅木直人（Fiber Zoom）p.46,50,74,98
中村優紀子（Fiber Zoom）p.26,34,90

カットプロセス
西浦かおり（Fiber Zoom）p.20,24,28,56,60,68,76,96
佐竹良健（Fiber Zoom）p.32,36 ,44,48,52,72,80,84,92,100,104,108

メーク
金田英里（cheveuxcourts）

スタイリング
岩渕真希

衣装協力
ROCHEL　bread and butter

デザインレイアウト
flippers

撮影
冨田泰東（新美容出版）

編集
峰島幸子（新美容出版）

ワンセクションから多重構成まで身につく
顧客カテゴリ別　セクションカット

定価（本体 3,800 円＋税）　検印省略
2012 年 11 月 27 日　第 1 刷発行
2013 年 9 月 4 日　第 2 刷発行

著者　井上和英
発行者　長尾明美
発行所　新美容出版株式会社
〒106-0031　東京都港区西麻布 1-11-12
編集部　TEL 03-5770-7021
販売部　TEL 03-5770-1201　FAX 03-5770-1228
http//www.shinbiyo.com
振替　00170-1-50321
印刷・製本　凸版印刷株式会社